JN085073

10年後の人事部

専門家・実務家のインタビューから紐解く
人事部の未来

滝田誠一郎 著

労務行政

はじめに

　「10年後の人事部」というテーマで記事を書いてみたいと思ったのは、HRテクノロジーが注目されるようになってきたことがきっかけだった。

　30年以上にわたって人事をテーマにした記事を書き続けてきたが、その多くは人事評価や昇給・昇格、教育、福利厚生などに関する新たな制度についてであって、テクノロジー自体に注目をしたことはほとんどなかった。そもそも人事の領域においてテクノロジーが大きな話題になることも数年前まではなかった。

　ところが5、6年ほど前から状況ががらりと変わり始めた。人事領域でテクノロジーの活用が進み、「HRテクノロジー」という言葉が新聞や雑誌の紙面（誌面）を飾るようになり、HRテクノロジーと銘打ったセミナーに各社の人事担当者が殺到するようになった。

　HRテクノロジーが今後急速に普及することは間違いないと確信できたし、それによって人事が大きく変わるだろうことは容易に想像がついた。しかし、HRテクノロジーによって採用や配属、異動や昇進・昇格、教育、研修等々の人事実務が実際にどう変わるのか、組織における人事の役割や位置づけがどう変化するのかを具体的に想像することができなかった。

　頭の中で想像を巡らしていてもイメージはぼんやりとしたままなので、各種HRテクノロジーに関する商材やサービスを提供している企業、HRテクノロジーを導入している企業、さらには人事の専門家に取材をして10年後の人事のありよう、あるべき姿をより具体的に描き出してみようと思ったのが「10年後の人事部」という企画を思いついたそもそもの経緯だ。

　当初はテーマをHRテクノロジーに絞り込むつもりだったが、10年後の人事部をより正しく描くためには今後確実に訪れる少子高齢化と労働力不足、国際化、多様化、政府主導で進む働き方改革等々、さまざまな要因に目配りすべきだと考え直し、企画の骨子が固まった。

ちなみに、"10年後"にこだわったのは、単なる想像、予想ではなく、現状の延長線上にある確実な未来として描けるスパン（時間の幅）だからだ。

　人事・労務の専門情報誌『労政時報』ならびに「WEB労政時報」に連載した「10年後の人事部」は、2018～2019年にかけて計20回続いた。取材にご協力いただいた皆さまには、この場を借りて改めてお礼申し上げたい。

　20回続いた連載をベースにしながらも、過去30年以上にわたって1000社以上の企業の人事制度を取材してきた成果を結集し、大幅に加筆・修正して書き上げたのがこの単行本だ。人事を取り巻くさまざまな環境変化の中で人事はどうあるべきかと日々悩んでいる人事責任者や担当者はもちろんのこと、自社の人事戦略について考えを巡らしている経営者、さらには企業における人事評価や昇給・昇格が今後どう変わるのかと不安半分、期待半分のビジネスパーソン諸氏にも読んでいただければ幸いである。

　2021年2月

滝田誠一郎

目次

第5章 10年後に向けて変化する人事部 165

第1章
平成30年間の人事と
これから10年の人事

1 平成30年間の総括―人事激動の時代 脱・日本型雇用が模索・試行された30年

　平成の30年間（1989～2019年）は、高度経済成長を可能にした昭和の日本型雇用の見直しを迫られ、脱・日本型雇用が模索・試行された30年間だったと総括することができる。

　戦後から高度経済成長期にかけては終身雇用、年功序列、企業内組合という"三種の神器"に支えられた日本型雇用が非常にうまくいっていた。新卒一括採用、新入社員の集合研修、適性を見定めた会社主導の配属と定期異動、年次管理に基づく昇給と昇級・昇格、年次別・職階別の集合教育等々、採用から定年まで続く終身雇用のベルトコンベアの上で人事はうまく機能し、回転していた。人事がうまく機能していたからこそ、日本は世界が驚くほどの高度経済成長を成し遂げることができたといってもよい。

　ところが、1990年を境にバブル経済が崩壊し、後に"失われた10年""失われた20年""平成不況"と呼ばれることになる長期にわたる低迷期に入り、人事を取り巻く環境は大きく変わった。加えて、グローバル化、成果主義の台頭、ダイバーシティ、ワーク・ライフ・バランスなどの盛り上がり等々が複雑に絡み合うことによって、高度経済成長期の人事制度のあちこちにほころびが露呈し始め、それまでの人事の成功パターンが次第に通用しなくなったのだ。

　そういう意味では、平成の30年間は脱・日本型雇用が模索・試行された"人事激動の時代"といえるだろう。

2 日本型雇用の終焉─バブル経済崩壊で始まった リストラ・採用手控え

　日本型雇用の見直しの引き金になったのは、時代が昭和から平成へと元号が変わった翌年（1990年）1月に始まったバブル経済崩壊であり、その後の長期にわたる景気低迷だった。平成不況を背景に、多くの企業が脱・日本型雇用を模索し、試行錯誤を繰り返してきた。

　1980年代のバブル絶頂期から突き落とされた企業が真っ先に手を付けたのが、人件費を手っ取り早く削減できるリストラだった。すなわち、新卒採用の削減であり、将来にわたって人件費の削減が期待できる賃金制度の見直しだった。

　磁気テープ大手のTDKが、ラインから外れた50歳以上の管理職の無期限自宅待機という前代未聞のリストラ策を発表したのは1992年。翌93年には音響メーカーのパイオニアが、その直後にはクラリオンが管理職の早期退職の勧告を実施した。

　これを皮切りに自動車、電機、鉄鋼などの大手メーカーが相次いで数千人規模のリストラ策（希望退職募集、配置転換、出向・転籍など）に乗り出した。

- 日産自動車　　1995年度までに5000人削減
- 本田技研工業　1995年度までに3000人削減
- マツダ　　　　1995年度までに1500人削減
- 三洋電機　　　1995年度までに2500人削減
- 東芝　　　　　1998年度までに5000人削減
- NTT　　　　　1996年度までに3万人削減　等々

　リストラを断行する一方で、企業は採用の手控えに着手する。

　バブル景気が最高潮に達していた1989（平成元）年卒予定の大学生で民間企業就職希望者は26万2800人だったのに対し、求人総数は70万

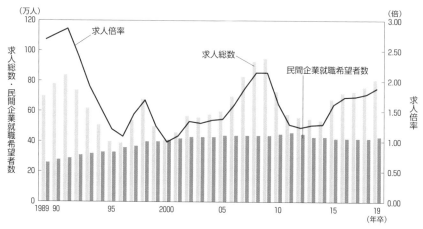

[図表1-1] 求人総数および民間企業就職希望者数・求人倍率の推移

資料出所：リクルートワークス研究所「大卒求人倍率調査」
[注] 民間企業就職希望者数はリクルートリサーチによる推計。

4100人で、求人倍率は2.68倍という圧倒的な売り手市場だった。

　意外なことに、バブル経済崩壊が始まった1990年卒の求人倍率は2.77倍、翌91年卒は2.86倍と企業の採用意欲は依然として高く、バブルの熱気がまだ冷めきっていなかった。しかし、92年以降の求人倍率は下降の一途（92年卒2.41倍、93年卒1.91倍、94年1.55倍、95年1.20倍）をたどり、96年卒の求人倍率は1.08倍にまで落ち込む。96年当時の求人総数は約39万人で、91年卒の約84万人から5年で実に半分以下にまで減少した［図表1−1］。

　96年卒以降も求人倍率は低水準で推移（97年卒1.45倍、98年卒1.68倍、99年卒1.25倍）し、2000年卒ではついに1倍を割り込んで0.99倍を記録した。その後も01年卒1.09倍、02年卒1.33倍、03年卒1.30倍といった具合に低水準が続く。いわゆる就職氷河期が長く続くことになる。

脱・日本型雇用の6大トレンド

脱・日本型雇用①—成果主義・年俸制

　リストラや採用抑制等で人件費を抑え込もうとする動きは、不況のたびに繰り返されてきたことだが、平成不況の際には、それに加えて従来とは異なる動きが顕在化した。成果主義に基づく年俸制の導入だ。

　日本経済新聞に「成果主義」という言葉が初めて登場するのは1992年のこと。本田技研工業が管理職約4500人を対象に導入した年俸制のニュースが広く報じられたまさにその年のことだ。

　ホンダの年俸制がショッキングなニュースとしてメディアで大きく取り上げられたのは、日本の大手企業としてこれほど大規模に徹底して実施するのは、ほとんど前例がなかったからだ。

　年俸制と同時に同社は「ホンダ・ジョブ・コンセプト」を導入した。他社でいうところの目標管理制度だが、記入事項は他社のそれとはかなり異なっていた。目標を達成するためにヒト・モノ・カネをどう使うかという資源的要件、ホンダの社員としてどう行動すべきかという行動要件などまで書き込むことが求められた。管理職一人ひとりが向こう1年間の経営計画を立てるようなものだ。

　1年後、目標達成度を本人が自己評価し、上司が評価者評価をして、その双方を擦り合わせて年俸改定交渉を行い、交渉結果を踏まえて上司が部下の業績を絶対評価する。その後、目標達成の難易度や業務の重要性、勤務態度なども加味して評価をし直す。さらに、部門ごとに開かれる調整会議の場で評価の微調整を行い、一定の評価分布に照らして相対評価をして、最終的にSS・S・A・B上・B・B下・C・Dの8段階からなる評語を決定する。

　ここまでの評価方法は一足早く年俸制を導入していた阪急電鉄（89年）

や東京ガス（90年）とほとんど変わらない。大きく異なるのはここから先だ。

どのランクの評語が付くかによって、年収の約6割に相当する翌年の基本年俸（月給部分）が決まる。評価結果次第で月給もアップダウンするということだ。これに年収の約4割に相当する期間業績給（賞与）を加算したものが年俸になる。

評価が高いほど昇給幅は大きく、逆に評価が悪ければ減給も覚悟しなければならない。若手の課長クラスの場合、評価結果次第で月給で最大5万円近い差が、賞与部分で最大220万円ほどの差がつくような制度設計になっていた。年間で最大280万円ほどの差になる計算だ。

ホンダに年俸制の取材に行ったのは制度導入から1年半ほどしてからだったが、当時の人事部長がことさら制度の厳しさを強調するような話し方をしていたのが印象的だった。

「会社の成長とともに年功序列だけで昇給してきたような管理職ほど減俸幅は大きくなる。業績評価に見合う水準までどんどん下がっていただく」

個人業績によって給与のアップダウンが決まるホンダの年俸制は大きな話題になり、ビジネス誌はもちろん、一般週刊誌などでも「成果主義」や「年俸制」が盛んに取り上げられることとなった。NHKが年俸制をテーマにした1時間番組を放送したりもした。

その後、多くの企業が成果主義の年俸制導入へと舵を切るきっかけをつくったのは、1995年5月に日本経営者団体連盟（日経連）が発表した「新時代の『日本的経営』―挑戦すべき方向とその具体策」と題したレポートだ。その中で「日本的経営の基本理念である『人間中心（尊重）の経営』『長期的視野に立った経営』は、普遍的性格を持つものであり、今後ともその深化を図りつつ堅持していく必要がある」とした上で、今後の企業経営が挑戦すべき方向は「変化に柔軟に対応するダイナミックでチャレンジングな創造性豊かな企業経営」だと明記した。

その具体策として以下の三つを提言した。

[1] 終身雇用からの転換

　雇用の流動化がさらに進み、今後の雇用形態は「長期蓄積能力活用型グループ」「高度専門能力活用型グループ」「雇用柔軟型グループ」に動いていくと思われる［図表1－2］。企業はどのような仕事に、どのような人材を何人必要とするかといった考え方で"自社型雇用ポートフォリオ"検討の必要がある。

［図表1-2］自社型雇用ポートフォリオ

①企業・従業員の雇用・勤続に対する関係

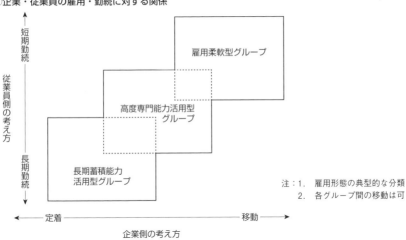

注：1. 雇用形態の典型的な分類
　　2. 各グループ間の移動は可

②グループ別に見た処遇の内容

	雇用形態	対　象	賃　金	賞　与	退職金・年金	昇進・昇格	福祉施策
長期蓄積能力活用型グループ	期間の定めのない雇用契約	管理職・総合職・技能部門の基幹職	月給制か年俸制職能給昇給制度	定率＋業績スライド	ポイント制	役職昇進職能資格昇格	生涯総合施策
高度専門能力活用型グループ	有期雇用契約	専門部門（企画、営業、研究開発等）	年俸制業績給昇給なし	成果配分	なし	業績評価	生活援護施策
雇用柔軟型グループ	有期雇用契約	一般職技能部門販売部門	時間給制職務給昇給なし	定率	なし	上位職務への転換	生活援護施策

[2] チャレンジ型・加点型人事制度の導入

これからの人事制度は各人の意識と能力が発揮できる複線型を導入し、専門職の育成・活用を重視すべきである。具体的には職務にリンクした職能資格制度を導入し、それとの関連で管理・専門職制度、昇進・昇格制度、賃金制度、目標管理制度、能力開発・人事評価制度などトータル的処遇制度を確立し、的確に運用していくことが大切である。

これからは減点主義でなく、努力次第で過去の失敗をいつでも取り戻せる敗者復活が可能となるチャレンジ型、加点型の人事制度を導入する必要がある。また、企業がいろいろ努力しても本人の責において、期待された能力発揮ができない場合は降格・降給も考える。

[3] 成果主義的賃金制度への転換

厳しい環境下、総額人件費の徹底化が求められている。昇給制度は原則として一定資格までは職能の伸びや生計費の高まりを考慮して毎年昇給するが、それ以降は能力や業績反映型の賃金を考える。賃金全体について、男女を問わず仕事と賃金との関係を強め、働きに応じて賃金を考えていくシステムに切り替えていくことが必要である。賞与については業績に対する各従業員の貢献度を的確に捉え、支給額に反映させる。

年俸制は増加傾向にあるが、その内容は賃金プラス賞与の形式を取る「日本型年俸制」を導入する。退職金制度は職能資格制度を活用した「ポイント制」など、貢献度反映型退職金制度に切り替えていく必要がある。

新時代の日本的経営とは、一言で言うならば終身雇用や年功序列といった旧来の日本的経営から脱し、個々人の能力と成果に応じた管理・処遇を目指すことにほかならない。そうしなければ長引く平成不況から抜け

出せないという切羽詰まった状況下で出された提言である。

　この提言は、日本の人事制度史の中でそれまでの日本的雇用慣行の基本方針を変えた画期的なものだったと言ってよいだろう。以後、産業界では成果主義の大合唱が起き、目標管理制度と組み合わせた年俸制に代表される成果主義の人事制度・賃金制度を多くの企業が導入するようになるのである。

脱・日本型雇用②──労働時間短縮と変形労働時間制

　平成の30年間はまた、労働時間制度上の試行錯誤が繰り返された30年だったと位置づけることができる。

　平成が始まる1年前、1988年4月に施行された改正労働基準法によって1日8時間、週48時間と定められていた法定労働時間が週40時間に短縮され、また「年間労働時間は1800時間」との目標を含む時短促進法も制定された（同法は2006年3月に期限切れ）。1980年代に自動車をはじめとした日本の製品が欧米市場を席巻し、日本製品が低価格で輸出可能な背景には、欧米よりも長い労働時間に原因があり、日本人の働き過ぎが貿易不均衡を生んでいると欧米諸外国から非難・批判されたことを受けての時短措置だった。

　このとき同時にフレックスタイム制などの変形労働時間制が導入され、事業場外労働や裁量労働についての労働時間の算定に関する規定の整備が行われ、日本の労働時間制度が大きく変わることになる。法改正に伴って労働時間の短縮に踏み切るようになった平成元年は「時短元年」といわれたりもした［図表1-3］。

　裁量労働制やフレックスタイム制、変形労働時間制の導入の追い風になったのが成果主義の普及だ。成果でもって処遇するのであれば、従来のように決められた労働時間で管理する必要性はなくなるからだ。

　例えば、1993年に管理職層を対象に目標管理制度を導入した富士通は、翌94年に主任層を対象に「SPIRIT」という裁量労働制を導入している。

[図表 1-3] 労働時間に関する労働基準法等の改正の変遷

1987（昭和62）年改正、 1988（昭和63）年施行	・１週間の法定労働時間を48時間から40時間へ短縮 ・１カ月単位・３カ月単位の変形労働時間制の導入 ・一定の条件の下でフレックスタイム制の採用 ・事業場外労働、裁量労働についての労働時間の算定に関する規定の整備
1993（平成５）年改正、 1994（平成６）年施行	・法定労働時間の短縮（週40時間労働制を1994［平成６］年４月１日から実施。一定の業種について猶予措置） ・１年単位の変形労働時間制の導入 ・時間外・休日の法定割増賃金率（休日労働は３割５分に引き上げ） ・裁量労働制の規定の整備（対象業務を労働省令で規定）
1998（平成10）年改正、 1999（平成11）年施行 ※企画業務型裁量労働制については2000（平成12）年施行	・時間外労働に関して、労働大臣は労使協定で定める労働時間の延長の限度等について基準（限度基準告示）を定め、労使は労使協定を定めるに当たり、これに適合したものとなるようにしなければならないこと等とした ・企業の本社等において企画、立案、調査、分析などを行うホワイトカラーを対象にした企画業務型裁量労働制の新設
2003（平成15）年改正、 2004（平成16）年施行	・専門業務型裁量労働制導入の際に、労使協定の決議事項に健康・福祉確保措置および苦情処理措置を追加 ・企画業務型裁量労働制の対象事業場を本社等に限定しないことにしたほか、労使委員会の決議について、委員の５分の４以上の多数によるものとするなど、導入・運用の要件・手続きについて緩和
2008（平成20）年改正、 2010（平成22）年施行	・１カ月に60時間を超える時間外労働をさせた場合の割増賃金率を５割以上に引き上げ（中小企業については当分の間、適用を猶予） ・年次有給休暇の時間単位付与を導入
2018（平成30）年改正、 2019（平成31）年施行	・時間外労働の上限規制の導入（月45時間、年360時間を原則とする、中小企業は2020［令和２］年４月１日施行） ・中小企業における割増賃金率引き上げ（2008［平成20］年改正における猶予を廃止、2023［令和５］年４月１日施行） ・年次有給休暇の取得義務化（10日以上の年次有給休暇の権利を有する労働者について、最低５日を取得させる） ・フレックスタイム制の清算期間の上限を１カ月から３カ月に延長 ・特定高度専門業務・成果型労働制（高度プロフェッショナル制度）の創設 ・終業から始業までに一定の休息時間を設定する勤務間インターバル制度の創設が努力義務となる

主任の報酬から時間外手当の要素を削除し、その代わりに業績賞与を加算するという内容で、まさに「労働時間」から「成果」へという配分ルールの変更を具体化したものだった。

　富士通の例にあるように、目標管理制度をベースにした成果主義の賃金体系、それとセットで裁量労働制やフレックスタイム制、さらにはコアタイムのないスーパーフレックスタイム制などを導入する企業が相次ぎ、さながらブームのようになった。

　平成の幕開けと同時に、成果主義の浸透に歩調を合わせる形でフレックスタイム制や裁量労働制の導入がブームとなったが、一部の大企業を除き、平成の30年間でこれらの制度が広く普及・定着することはなかった［図表1－4］。

　厚生労働省の「平成31年就労条件総合調査」によれば、2019年1月1日現在でフレックスタイム制を導入しているのは従業員1000人以上の企業で26.6％、企業全体では5.0％にすぎない。

　また、大企業（1000人以上）を見ると、フレックスタイム制の導入企業は減っているのが現実だ。1992年は33.5％だったが、2019年には26.6％と、6.9ポイント減っている。最も導入割合が高かった1996年の38.4％との比較では11.8ポイントも減少している。

　裁量労働制はといえば、2018年10〜11月にかけて民間の調査機関（QUICK短期経済観測調査）が上場企業329社を対象に行った調査（回答260社）によると、2018年時点で裁量労働制を「導入していない」「予定もない」という回答が合わせて70％、「検討している」が10％という結果になっている。つまり、80％の企業がこの時点で導入していないということだ。導入済みの残り20％の企業のうち「プラスの効果があった」と答えたのは11％、「プラスの効果がみられない」が7％となっている。

　新たな労働時間制度が定着もせず、機能もしなかった結果といってよいのだろう。平成の30年間におけるパートタイマーを除く一般労働者（正社員）の年間総実労働時間は依然として2000時間台で推移しており、ほ

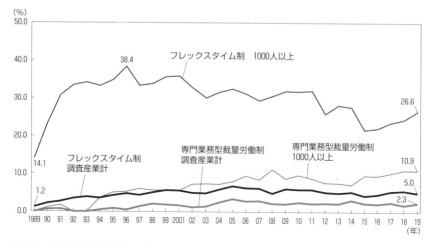

[図表1-4] フレックスタイム制、専門業務型裁量労働制の導入率の推移

資料出所：労働省「賃金労働時間制度等総合調査」、厚生労働省「就労条件総合調査」
[注] 1. 1999年までは労働省「賃金労働時間制度等総合調査」、2001年以降は厚生労働省「就労条件総合調査」
より作成。
2. 2008年および2015年で、調査対象が変わっているため、時系列比較には注意を要する。
　① 1992～2007年までの調査対象：本社の常用労働者が30人以上の民営企業
　② 2008～2014年までの調査対象：常用労働者が30人以上の会社組織の民営企業
　③ 2015年以降の調査対象：常用労働者が30人以上の民営法人（複合サービス業、会社組織以外の法人
　　［医療法人、社会福祉法人、各種の協同組合等］含む）
3. 1999年までは各年12月末日現在、2001年以降は各年1月1日現在の値。調査時点が変更になったた
め、2000年はない。
4. 2012～2014年は、東日本大震災による企業活動への影響等を考慮し、被災地域から抽出された企業
を一斉対象から除外し、被災地域以外の地域に所在する同一の産業・規模に属する企業を再抽出し代替。
5. 2015年は、2014年4月に設定されている非難指示区域（帰還困難区域。居住制限区域及び避難指示解
除準備区域）を含む市町村に所在する企業を調査対象から除外。

とんど減っていない［図表1－5］。年間1800時間という時短目標の実
現は令和に先送りされた格好だ。

脱・日本型雇用③─働き方の多様化は緒に就いたばかり

　この30年間に正社員の総実労働時間はほとんど変わっていないが、そ
の一方で社員個々の事情に応じた多様な働き方が模索されてきた。情報
通信技術（ICT）の発達を背景に、昭和の日本にはなかったサテライト
オフィスや在宅勤務が登場したのも平成の話だ。

[図表1-5] 一般労働者の総実労働時間（調査産業計、事業所規模５人以上）

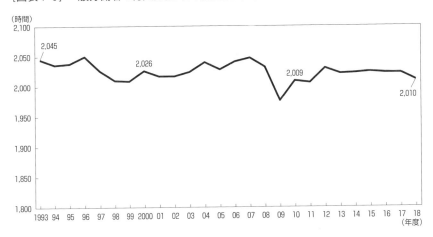

資料出所：厚生労働省「毎月勤労統計」
[注]　1.　数値は、年平均月間値を 12 倍し、小数点以下第１位を四捨五入したもの。
　　　2.　一般労働者のデータは、1993 年から調査。

　平成が幕を開ける１年前の 1988 年、鹿島建設、富士ゼロックス、住友信託銀行、内田洋行、リクルートなどが共同で埼玉県志木市の駅前ビルに実験的に開設した「志木サテライトオフィス」は日本初の本格的サテライトオフィスとして知られる。「新しい働き方の到来」として当時はメディアで数多く取り上げられた。しかし、その後、都心部に大規模オフィスが続々と供給され、業務機能の首都圏への一極集中が進展したことに伴い、当初の思惑とは異なり、30 年以上たった現在でもサテライトオフィスは普及期に入っていない。

　テレワークは 1970 年代にアメリカで始まった働き方。もともとの狙いは自動車通勤による大気汚染や交通渋滞の対策だった。日本でテレワークという言葉が使われるようになったのは 2000 年以降のことだ（テレワークを広く社会に普及・啓発することを目的に設立された日本サテライトオフィス協会が日本テレワーク協会と改称し、活動を本格化したのも2000 年である）。

テレワークについては、国土交通省が2002年にその実態について初めてまとめた「平成14年度テレワーク人口実態調査」がある。これによると雇用型のテレワーカー人口は、2002年で310万人だった。その後、企業における導入事例が右肩上がりに増えて10年後の2012年には1160万人と3.7倍に急増している。就業者人口に占めるテレワーカーの割合は2002年の5.7％から2012年は20.3％に増えている。2012年当時で、既にビジネスパーソンの約5人に1人がテレワークをしていた計算になり、かなり普及していたことになる。しかしながら、これは結構水増しした数字だと言わざるを得ない。というのも、同調査のテレワークの定義は、「ふだん収入を伴う仕事を行っている人の中で、仕事でICTを利用している人、かつ自分の所属する部署のある場所以外でICTを利用できる環境において仕事を行う時間が1週間当たり8時間以上の人」をテレワーカーとしているからだ。いうなれば、恒常的に在宅勤務をする人をテレワーカーとしているのではなく、1週間に1日でも在宅勤務すればテレワーカーにカウントされることになる。

　少子高齢化対策や地域活性化の有効な手段としてテレワークに注目した政府が、「世界最先端IT国家創造宣言」の中でテレワークの推進を明示したのは2013年6月のこと。同宣言工程表において「テレワーク導入企業数3倍（2012年度比）」「雇用型在宅型テレワーカー数10％以上」等の政府目標が掲げられた。2015年1月には各府省情報化統括責任者（CIO）連絡会議において国自らが率先してテレワークを導入する「国家公務員テレワーク・ロードマップ」が策定されており、このため2015年は国家公務員のテレワーク元年と位置づけられている。

　2020年には、新型コロナウイルスの感染拡大防止に伴う緊急事態宣言で、企業では在宅勤務の導入や適用対象者の拡大などの動きが大きく進展し、働き方改革は新たなフェーズに入ったといえる［図表1－6］。このことから、サテライトオフィスにしろ、テレワークにしろ、やっと緒に就いたばかりというべきだろう。

[図表1-6] 新型コロナウイルス感染拡大に伴う在宅勤務制度の対応と継続の有無

－(社)、％－

区　　　　分		全　　産　　業				製造業	非製造業
		規模計	1,000人以上	300～999人	300人未満		
合　　　　計		(298) 100.0	(139) 100.0	(95) 100.0	(64) 100.0	(151) 100.0	(147) 100.0
①新型コロナウイルス感染拡大以前から導入しており、制度の適用対象者も変更していない		6.7	7.2	7.4	4.7	7.9	5.4
②新型コロナウイルス感染拡大以前から導入しており、感染拡大防止のために制度の対象者を広げた		29.9	41.0	18.9	21.9	31.8	27.9
③新型コロナウイルス感染拡大防止のために2020年に新たに制度を導入した		62.8	51.1	72.6	73.4	59.6	66.0
④そ　の　他		0.7	0.7	1.1		0.7	0.7
②の場合	小　　計	(89) 100.0	(57) 100.0	(18) 100.0	(14) 100.0	(48) 100.0	(41) 100.0
	今後も継続する	74.2	68.4	72.2	100.0	70.8	78.0
	一時的な対応	25.8	31.6	27.8		29.2	22.0
③の場合	小　　計	(186) 100.0	(70) 100.0	(69) 100.0	(47) 100.0	(90) 100.0	(96) 100.0
	今後も継続する	54.8	51.4	56.5	57.4	52.2	57.3
	一時的な対応	45.2	48.6	43.5	42.6	47.8	42.7

資料出所：労務行政研究所「2020年度労働時間等に関する実態調査（付帯調査）」

　しかし、サテライトオフィス、テレワーク、モバイルワーク（ノマド）等々、個人のライフスタイルやワークスタイルに合わせた多様な働き方は、ICT技術のさらなる発達、5Gの普及などに伴って、今後急速に普及すると同時に、10年後には新たな次元に突入しているだろうことは容易に想像されるというものである。

脱・日本型雇用④―進まない女性活用。
日本企業は相変わらず男社会

　雇用の分野において女性労働者の増加、就業意識の向上等と相まって、職場における男女平等を求める声も高まりを受け、1986年に男女雇用機会均等法が施行されたにもかかわらず、職場における女性活用はなかなか進まなかった。その理由の一つに育児や家事との両立の難しさがあることは言うまでもない。

　通勤時間を短縮できるサテライトオフィスや、通勤の必要がないテレワーク／在宅勤務はその両立を可能にする有効な手段として注目されたが、先に見たとおりサテライトオフィスやテレワークの活用が思うように進まなかったこともあり、平成の30年間で女性の活用は期待されたほどには進まなかった。

　総務省統計局の「労働力調査」によれば、1990（平成2）年の女性の労働力人口は2593万人、労働力人口総数に占める割合は40.6％。対して2018（平成30）年の女性の労働力人口は3014万人、労働力人口総数に占める割合は44.1％。就業者に占める女性の割合は、2019（平成31）年は44.5％であり、諸外国と比較して大きな差はなく、欧米諸国よりは数％ポイント低いものの、アジア諸国の中では比較的高い。量的に見れば女性の活用は欧米諸国と肩を並べるまでになっているが、質的には何ともお寒い限りというのが現状だ。

　管理職に占める女性の割合は長期的に見ると上昇傾向にあるものの、依然と低いままだ。厚生労働省の「賃金構造基本統計調査」によると1990年における係長級に占める割合は5％以下、課長級ならびに部長級は2％以下だった。2019年には係長級18.9％、課長級11.4％、部長級6.9％に上昇しているが、先進諸国との間にはまだまだ大きな格差がある［図表1-7］。

　世界の国々の「管理的職業従事者に占める女性割合」（ここでいう管理

[図表1-7] 民間企業における女性管理職の割合の推移

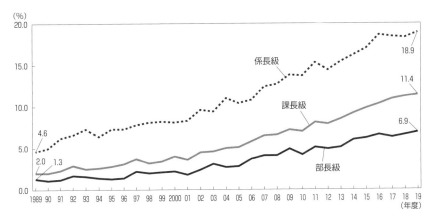

[注] 1. 厚生労働省「賃金構造基本統計調査」より作成。
2. 100人以上の常用労働者を雇用する企業に属する労働者のうち、雇用期間の定めがない者について集計。
3. 常用労働者の定義は、2017（平成29）年以前は、「期間を定めずに雇われている労働者」「1カ月を超える期間を定めて雇われている労働者」および「日々又は1カ月以内の期間を定めて雇われている者のうち4月及び5月に雇われた日数がそれぞれ18日以上の労働者」。2018（平成30）年以降は、「期間を定めずに雇われている労働者」および「1カ月以上の期間を定めて雇われている労働者」。

職は会社役員、企業の課長相当職以上、管理的公務員等を意味する）と比較すると、アメリカ40.7％、スウェーデン40.2％、イギリス36.8％、フランス34.6％、ドイツ29.4％、アジアの国々でもフィリピン50.5％、シンガポール36.4％となっているのに対し、日本は14.8％にすぎない[図表1－8]。

国際労働機関（ILO）が2019年に発表した報告書（「A quantum leap for gender equality: For a better future of work for all」）によれば、2018年における世界の管理職に占める女性の割合は27.1％に対して、日本は12.0％で主要先進7カ国（G7）で最下位。また、2016年における役員に占める女性の割合はG7ではフランスがトップで37.0％、平均で約23％なのに対して、日本はわずかに3.4％にすぎない[図表1－9]。

冒頭に記したとおり、1986年に男女雇用機会均等法が施行されたにもかかわらず、平成の30年間で真の意味での女性活用は進まなかった。日

[図表1-8] 就業者および管理的職業従事者に占める女性の割合（国際比較）

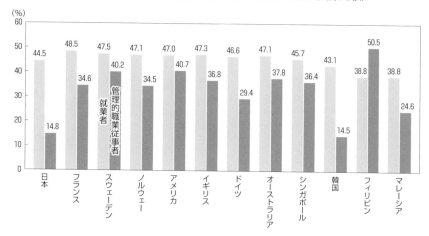

[注] 1. 総務省「労働力調査（基本集計）」（令和元年）、その他の国はILO "ILOSTAT" より作成。
2. 日本、フランス、スウェーデン、ノルウェー、アメリカ、イギリス、ドイツ、フィリピンは2019（令和元）年、その他の国は2018（平成30）年の値。
3. 総務省「労働力調査」では、「管理的職業従事者」とは、就業者のうち、会社役員、企業の課長相当職以上、管理的公務員等。また、「管理的職業従事者」の定義は国によって異なる。

[図表1-9] 主要先進7カ国に見る女性役員の割合（2010〜2016年）

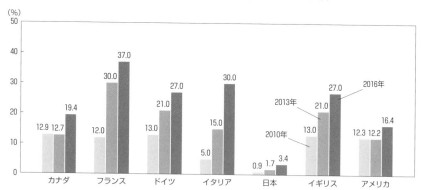

資料出所：ILO「A quantum leap for gender equality: For a better future of work for all」

本の産業界、企業社会はまだまだ相変わらずの男社会なのである。女性の活用は今後10年、20年の大きな課題として残っている。これは企業としての課題であり、すなわち人事の課題であると認識すべきだ。

脱・日本型雇用⑤──少子高齢化で2030年には644万人の労働力が不足

　平成の30年間で定年年齢は実質的に60歳から65歳へと5歳延びた（高年齢者雇用安定法の改正により2013年には65歳までの雇用確保措置義務化を施行）[図表1−10]。そして令和に改元して2週間後、2019年5月15日に政府は希望する高齢者が70歳まで働けるようにするための高年齢者雇用安定法改正案の骨格を発表した。令和2年3月31日には改正高年齢者雇用安定法が成立・同日公布され、2021年4月から事業主は、①定年の引き上げ、②65歳以上継続雇用制度の導入、③定年廃止のいずれかの措置を講ずることにより、65〜70歳までの安定した就業を確保するよう努めなければならないとされた。

[図表1-10] 高年齢者雇用安定法の改正の変遷

1986（昭和61）年	「中高年齢者等の雇用の促進に関する特別措置法の一部を改正する法律」に基づき、題名が「高年齢者等の雇用の安定等に関する法律」に改称。60歳定年が企業への努力義務となる
1990（平成2）年	定年後再雇用が企業の努力義務となる
1994（平成6）年	60歳定年の義務化。60歳定年が日本の標準になる ※1998（平成10）年より施行
2000（平成12）年	65歳までの雇用確保措置を努力義務化
2004（平成16）年	65歳までの雇用確保措置の段階的義務化
2012（平成24）年	希望する労働者全員を65歳まで継続雇用することを義務化 ※2013（平成25）年より施行
2020（令和2）年	65〜70歳までの就業確保措置を努力義務化。2021（令和3）年4月より施行

国の政策主導で希望者全員の 65 歳までの継続雇用が義務化され、さらに 70 歳までの就業確保が努力義務とされた最大の理由は、今後、急激に少子高齢化が進むことが確実視されているからだ。

　国立社会保障・人口問題研究所が発表した「日本の将来推計人口」（平成 29 年推計）によれば、2019 年の日本の総人口は 1 億 2577 万人。うち、15 歳未満の人口は 1524 万人で全体の 12.1 ％、15 ～ 64 歳の人口は 7462 万人で同 59.3 ％、65 歳以上の高齢者は 3592 万人で同 28.6 ％に上る。

　これが 2065 年には総人口は 8808 万人にまで減少し、そのうち 15 歳未満人口が 898 万人で同 10.2 ％、15 ～ 64 歳人口が 4529 万人で同 51.4 ％、65 歳以上人口は 3381 万人で同 38.4 ％になると見込まれている。

　少子高齢化が進めば労働力人口が減るのは自明の理である。独立行政法人労働政策研究・研修機構の「労働力需給の推計―労働力需給モデル（2018 年度版）による将来推計―」によれば、2017 年に 6720 万人だった労働力人口は、2030 年には 6349 万人に減ると推計されている。13 年間で 371 万人もの労働力が減る計算だ。

　労働力人口が減れば人手不足になるのもまた自明の理というもの。パーソル総合研究所と中央大学が 2019 年 3 月に共同発表した「労働市場の未来推計 2030」では、2030 年の労働需要 7073 万人に対して、可能な労働供給は 6429 万人で、差し引き 644 万人が不足する。すなわち、人手不足になると予想している。職種別で見ると、最も多いのが専門的・技術的職業従事者で 212 万人不足、次いで事務従事者 167 万人不足、運搬・清掃・包装等従事者 90 万人不足などとなっている。

　「労働市場の未来推計 2030」は、644 万人の人手不足を解消するため、以下の四つの対策を示している。

　（対策 1）　働く女性を増やす　　102 万人
　（対策 2）　働くシニアを増やす　163 万人
　（対策 3）　働く外国人を増やす　　81 万人
　（対策 4）　生産性を上げる　　　298 万人

対策１〜３までの各種統計数字を駆使して導き出した"増やせる人手"はこれが限界で、それでも298万人足りない。その298万人の人手不足をカバーするため、四つ目の対策として生産性の向上を挙げている。

　報告書では、「7073万人の労働需要を298万人分削減するには4.2%の生産性向上が必要。経済協力開発機構（OECD）が2016年に発表した調査結果によれば、自動化可能性が70%を超える労働者の割合は日本においては7%。自動化が2030年までに十分進むと仮定すると4.9%の工数が削減でき、298万人分の労働需要をカバーすることは可能と考える」と書かれている。

　今後さらに急ピッチで進む少子高齢化による人材不足に備えるため、女性、高齢者、外国人の活用、そしてRPAの導入やAI、クラウド、ICTなどのテクノロジーを活用した生産性の向上が10年先、20年先を見据えた企業経営、ひいては人事戦略上の大きな課題になるということだ。

　こうした日本における構造的な課題に対する大きな方向性として政府が打ち出したのが「働き方改革」だ。

脱・日本型雇用⑥——多様で柔軟な働き方を目指す「働き方改革」

　少子高齢化に伴う生産年齢人口の減少、育児や介護との両立をはじめ働く人のニーズの多様化などを背景に、「働く方々が個々の事情に応じた多様で柔軟な働き方を自分で『選択』できるようにするための改革」（厚生労働省「働き方改革特設サイト」より）——それが「働き方改革」である。

　働き方改革関連法（正式名称は「働き方改革を推進するための関係法律の整備に関する法律」）が成立したのは2018（平成30）年6月29日のこと。同年7月6日に公布され、翌2019年4月から順次施行された。主な内容は［図表1 - 11］のようにまとめることができる。

　ちなみに、働き方改革関連法は、首相・担当大臣を含む関係閣僚と一般企業の経営陣を含む有識者15人により構成された「働き方改革実現会

[図表1-11] 働き方改革関連法の概要

(1)働き方改革の総合的かつ継続的な推進	●1966（昭和41）年に制定された雇用対策法を「労働施策の総合的な推進並びに労働者の雇用の安定及び職業生活の充実等に関する法律」と改め、「働き方改革」の考えの重要事項を目的に織り込み、労働施策を総合的に講じる ●労働者の多様な事情に応じた「職業生活の充実」に対応し、働き方改革を総合的に推進するために必要な施策として、現行の雇用関係の施策に加え、次のような施策を新たに規定する 　• 労働時間の短縮その他の労働条件の改善 　• 雇用形態または就業形態の異なる労働者間の均衡の取れた待遇の確保 　• 多様な就業形態の普及 　• 仕事と生活（育児、介護、治療）の両立
(2)長時間労働の是正と多様で柔軟な働き方の実現等	●時間外労働の上限規制の導入（月45時間、年360時間を原則とし、臨時的な特別な事情がある場合でも年720時間、単月100時間未満［休日労働含む］、複数月平均80時間［休日労働含む］を限度に設定する） ●一定日数（5日）の年次有給休暇の確実な取得 ●フレックスタイム制の清算期間の上限を1カ月から3カ月に延長 ●特定高度専門業務・成果型労働制（高度プロフェッショナル制度）の創設 ●勤務間インターバル制度の普及促進 ●産業医・産業保健機能の強化
(3)雇用形態に関わらない公正な待遇の確保	●不合理な待遇差を解消するための規定の整備 　• 短時間・有期雇用労働者に関する同一企業内における正規雇用労働者との不合理な待遇の禁止に関し、個々の待遇ごとに、当該待遇の性質・目的に照らして適切と認められる事情を考慮して判断されるべき旨を明確化 　• 有期雇用労働者について、正規雇用労働者と①職務内容、②職務内容・配置の変更範囲が同一である場合の均等待遇の確保を義務化（同一労働同一賃金） ●労働者に対する待遇差の内容・理由等に関する説明を義務化 ●行政による履行確保措置および裁判外紛争解決手続き（行政ADR）の整備

資料出所：厚生労働省

[図表 1-12] 働き方改革実行計画の概要

- ●同一労働同一賃金など非正規雇用の処遇改善
  - 基本給の均等・均衡待遇の確保
  - 各種手当の均等・均衡待遇の確保
  - 福利厚生や教育訓練の均等・均衡待遇の確保

- ●賃金引き上げと労働生産性向上
  - 企業への賃上げの働きかけや取引条件の改善
  - 生産性向上支援など賃上げしやすい環境の整備

- ●罰則付き時間外労働の上限規制の導入など長時間労働の是正
  - 時間外労働の上限規制
  - パワーハラスメント対策、メンタルヘルス対策
  - 勤務間インターバル制度

- ●柔軟な働き方がしやすい環境整備
  - 雇用型テレワークのガイドライン刷新と導入支援
  - 非雇用型テレワークのガイドライン刷新と働き手への支援
  - 副業・兼業の推進に向けたガイドラインや改定版モデル就業規則の策定

- ●女性・若者の人材育成など活躍しやすい環境整備
  - 女性のリカレント教育など個人の学び直しへの支援などの充実
  - 多様な女性活躍の推進
  - 就職氷河期世代や若者の活躍に向けた支援・環境整備

- ●病気の治療と仕事の両立
  - 会社の意識改革と受け入れ体制の整備
  - トライアングル型支援などの推進

- ●子育て・介護等と仕事の両立、障害者の就労
  - 子育て・介護と仕事の両立支援策の充実・活用促進（男性の育児・介護等への参加促進）
  - 障害者等の希望や能力を活かした就労支援の推進

- ●雇用吸収力、付加価値の高い産業への転職・再就職支援
  - 転職者の受け入れ企業支援や転職者採用の拡大のための指針策定
  - 転職・再就職の拡大に向けた職業能力・職場情報の見える化

- ●誰にでもチャンスのある教育環境の整備

- ●高齢者の就業促進

- ●外国人材の受け入れ

資料出所：厚生労働省

議」が 2017（平成 29）年 3 月 28 日にまとめた「働き方改革実行計画」がそのベースになっている。同実行計画の骨子は［図表 1 - 12］のとおりだ。

　平成が幕を閉じ、令和が幕開けするタイミングで本格的な施行が始まった「働き方改革」を一つひとつ実現していくこともまた、人事部が今後 5 年、10 年かけて取り組んでいかなければならない大きな課題である。

4　10年後の人事10大トレンド

　昭和の時代につくり上げられ、高度経済成長を可能にした人事の成功パターンは、長引く平成不況の下ではうまく機能せず、硬直化した制度はあちこちにほころびを見せるようになり、さまざまな問題が露呈した。

　平成の 30 年間はその対応、対策に追われ、脱・日本型雇用をさまざま模索し、試行錯誤を繰り返した人事激動の時代だった。残念ながら、模索し、試行錯誤を繰り返したまま平成は幕を閉じ、多くの宿題を抱えて令和がスタートした。

　平成の宿題を片付けること、すなわち模索し、試行錯誤したものの中から正しい解──新たな成功パターンを導き出すことが、令和の人事に求められる最大の課題である。

　今後確実に訪れる若年労働力不足と高齢化、雇用のダイバーシティ化やグローバル化、日進月歩で進む HR テクノロジーの普及、政府主導で進む働き方改革等々、人事を取り巻く環境は平成よりもさらに大きく変化することは確実だ。AI、クラウド、ICT、RPA などを組み合わせた HR テクノロジーを一つ取っても、人事部を大きく変革するインパクトを持っている。

　そうした人事大変革期に、新たな成功パターンを導き出すという難問

に人事部はこれから5年、10年と取り組んでいくことになるわけで、その役割はこれまで以上に重くなる。課せられた重責を果たすために、人事部は変わっていかなければならないし、人事担当者もまた変わらなければならない。

　人事・労務の専門情報誌『労政時報』に2018年11月〜2019年10月まで隔週で計20回連載した「10年後の人事部」は、今後訪れる人事大変革期を予測し、その変化に対応するために人事部もまたどう変わっていくのか、変わらざるを得ないのかを予見してみようという意図で企画したものだ。

　同連載の第1回に登場願ったのは、株式会社リクルートが1999年に設立した人と組織の「新しいコンセプト」を提起する研究機関「リクルートワークス研究所」の大久保幸夫所長（取材当時）。長年の調査、研究を踏まえ、大久保所長は自身の期待も交えつつ、ほぼ間違いなくこうなると予測される10年後の人事における10大トレンドを明快かつ簡潔に語ってくれた。

　個別具体的な各論は次章以降に譲るとして、「10年後の人事部」の概論ともいえる大久保所長の予想――10年後の人事10大トレンドをまず紹介しておく［図表1 - 13］。

①採用プロセスがほぼ無人化する

　多くのマンパワーを必要とする採用の効率化は企業にとって大きな課題になっており、その課題解決の手段としてこの3、4年で急速に進化したHRテクノロジーを導入する企業が増えている。

　「最も進んでいる企業では、最終面接以外の採用プロセスにほぼ人が関与しないところまできています。求人サイトやSNSに募集要項を投稿する。応募者への問い合わせに答える。問い合わせをしてきた人に資料を送る。応募者からのエントリーシートや自己PRビデオの1次スクリーニングをする。これらの作業が最新のHRテクノロジーを使うことですべて自動

[図表1-13] 10年後の人事10大トレンド

HRテクノロジーの活用による変化	①採用プロセスがほぼ無人化する
	②データベースを活用したタレントマネジメントで異動や昇格が決まる時代になる
人事制度を取り巻く変化	③65歳定年が一般化する
	④障害者と健常者が同じチームで働くようになる
	⑤週2日テレワークが普及する
	⑥転勤は本人の同意が前提になる
人事部の変化	⑦マネジメント支援が人事の新領域になる
	⑧人事考課を廃止する企業が続出する
	⑨人事部にエンジニアがいるようになる
	⑩株主や家族をステークホルダーとして意識するようになる

化され、面接試験以外はほぼ人が関与しないシステムを導入している企業が既にあります。この3、4年の動きを踏まえ、10年後には多くの企業において採用プロセスがほぼ無人化するでしょう」

　採用プロセスの無人化＝HRテクノロジー化が進む中で、新たな採用スタイルであるダイレクト・ソーシング（ダイレクト・リクルーティングともいう）が普及し、ダイレクト・ソーシングに必要な専門知識やスキルを持ったソーサー（Sourcer）が新たな職業として脚光を浴びるようになる。

　求人広告や求人サイト、人材紹介サービスを利用し、就職希望者からの応募を待つ従来型の「待ちの採用手法」だけでは、自社にマッチした優秀な人材の確保に限界がある。新たな採用手法として今後広く普及・定着するとみられるのがダイレクト・ソーシングだ。企業にマッチした人材を企業自らが探し出し、直接アプローチする「攻めの採用手法」のことである。

　欧米では既に10年ほど前から普及し始め、今や一般的な採用手法になっている。SNS（LinkedIn、Facebook 等）や各種データベースなどを駆使して企業にマッチした人材を検索・発見、スカウトするのがそ

の代表的な手法であり、それを専門に行う職業がソーサー（リサーチャーともいう）である。ダイレクト・ソーシングが一般化するにつれて、人材採用の専門職としてソーサーが企業に重用されるようになると考えられる。

「採用面でのマンパワーを劇的に減らすことができると同時に、HRテクノロジー化によってより科学的なマッチングを図ることができ、採用の精度が上がります。企業にとってはどちらも非常に大きなメリットなので、今後10年で採用プロセスは大幅に変わっていくと思います」

②データベースを活用したタレントマネジメントで異動や昇格が決まる

非常に使い勝手のよいクラウド型のデータベースの登場により、社員個々の職務経験や業績、保有している知識やスキル、さらには価値観や志向、健康状態や家族関係などさまざまな情報を網羅したタレントデータベースが構築されるようになる。あるポストに登用する人材を選ぶときなど、求められる能力や経験、パーソナリティなどを入力すれば、それに見合った人材を瞬時に選抜してくれるシステムが多くの企業に導入される。

「10年後には任用や異動、昇格などのタレントマネジメントに本格的に活用されるようになっています。というよりも、そういうデータベースがなければ国境を跨いだ人の異動や登用ができない時代になっていると考えられます。

もちろん、最終的に誰を登用するかを決定するのは人事担当者であり、直属の上司であり、場合によっては経営者であって、何十年経っても機械が最終的な人事異動を決めることはありません。機械はあくまで人を補完するものであって、人に取って代わるものではありません」

「データベースを使ったタレントマネジメントというのは、言い換えれば社員一人ひとりの才能や知識、スキル、さらには本人の意向や制約条件などに基づいて人材活用を図るということにほかなりません。ですから、性別とか年齢、学歴、国籍などといった属性による差別というか、バイ

アスがなくなります。真のダイバーシティを実現するためにも非常に重要な役割を果たすことになります」

③ 65 歳定年が一般化する

　厚生労働省が 2017（平成 29）年に発表した「高年齢者の雇用状況」によると、同年 6 月 1 日現在で定年制の廃止および定年を 65 歳以上としている企業の割合は 19.6％（定年廃止企業 2.6％、65 歳以上定年企業 17.0％）にすぎない。しかし、今後は 65 歳定年制を取り入れる企業が急増し、2030 年ごろには 65 歳定年制が一般化する。その根拠は大きく二つある。

　一つは、2033 年度には国家公務員の 65 歳定年制が実現していると考えられること。2018 年 8 月人事院は国家公務員の定年を 60 歳から 65 歳に段階的に上げるよう国会と内閣に申し入れ、これを受けて政府は 2021 年度から 3 年ごとに定年を 1 歳ずつ上げ、2033 年度に定年を 65 歳にする方向で検討することを決めた。同時に 65 歳定年制を実現するための具体的な制度設計を示し、民間にも定年延長の普及を促す方針で、こうした国の動きが 65 歳定年制の普及に拍車をかけることは間違いない。

　もう一つは、バブル世代（1965 ～ 1970 年生まれ）ならびに団塊ジュニア世代（1971 ～ 1974 年生まれ）という二つのボリュームゾーンの存在。大量定年による人材不足を警戒して、この二つの世代に照準を合わせて定年延長に踏み切る企業が増えると考えられる。

　「定年の延長は、いったん方向付けされるとその方向に一気に動き始めるので、10 年後には 65 歳定年が一般化していると思います。65 歳定年制が一般化する過程で脱・年次管理、賃金制度の見直しなど、人事体系、人事制度の根本的な見直しを迫られるのは必至で、大手術が必要になります」

④障害者と健常者が同じチームで働くようになる

　2018年4月施行の改正障害者雇用促進法により、法定雇用率の算定基礎の対象に新たに精神障害者が加えられ、同時に法定雇用率が民間企業では2.0%から2.2%へ、国・地方公共団体等は2.3%から2.5%へ引き上げられた。2021年4月までにはさらに0.1%引き上げられる。中央省庁による障害者数の水増し問題などもあったが、希望的観測も含めて10年後には障害者と健常者が同じチームで働くケースが出てくると予想する。

　「特例子会社をつくって障害者を雇うという形態ではなく、健常者と障害者がそれぞれの強みを活かして同じチームで働くという方向にシフトしていくでしょう。理想論かもしれませんが、今後10年くらいのタイムスパンでそういうことが実現できたらよいと思いますし、テクノロジーの活用が進めば実現できるはずだと考えています」

⑤週2日テレワークが普及する

　週に3日出勤して、2日は自宅その他でテレワーク、そして2日の休み——そんな働き方が10年後には当たり前になっている。フランスのホワイトカラーたちの間では、こうした働き方が既に珍しいものではなくなってきているという。

　なぜ週2日のテレワークが進むかといえば、テクノロジーの進歩もさることながら、生産性の問題が大きい。オフィスというのはコミュニケーションを取ったり、ディスカッションをしたり、デシジョンしたりするのには向いているが、実は自分の仕事に集中するには向いていない。社員にセンサーを着けて測ってみたら、オフィスにいるときが一番集中していないことが分かったという調査結果もある。

　「生産性を最大限にアップさせるためには、オフィスでする仕事と、各人が集中できる場所でする仕事を切り分けたほうがいい。そのベストバランスの一つの目安が週2日のテレワークなのです」

⑥転勤は本人の同意が前提になる

　リクルートワークス研究所の調べによると転勤者数は実に年間69万人にも上る。しかし、今後は無意味な転勤が大幅に減り、必要不可欠なごく一部の転勤だけになる。しかも転勤に際しては本人の同意が前提になり、会社が一方的に命じる転勤はなくなる。現在、人事管理の原則として、就業規則に配転条項（配転を命じる規定）が存在し、勤務地を限定する特約を結んでいない場合は、本人の同意なしに配転（転勤）を命じることが可能である。しかしながら、そうした"常識"も変えていかざるを得ない。

　会社が一方的に命じる転勤はデメリットしかない。ワーク・ライフ・バランスが激変するので、命じられた本人のモチベーションは下がり、会社に対するロイヤリティも薄れる。会社にとっても余計なコストがかかる。転勤にはメリットよりもデメリットのほうが大きいことに気づく企業が増えてくる。

　「転居を伴う転勤の可否を条件にしたコース別人事（実質的には男女別人事制度）を行っている企業が少なからず存在しますが、転勤が激減し、かつ本人の同意が前提ということになれば、このようなコース別人事制度も姿を消すことになります。結果として、職場における男女平等、男女の機会均等が大きく前進することも期待できるでしょう」

⑦マネジメント支援が人事の新領域になる

　これから先、働き方改革やHRテクノロジーの普及、ダイバーシティが進む過程において、中間管理職への負荷の増大は避けられない。現場のリーダーとして目標達成、生産性向上の陣頭指揮を執りつつ、その一方で多様な部下のモチベーションアップ、メンタルヘルスケア、長時間労働の是正、安全衛生管理の徹底にも努めなければならないからだ。

　現在でも既に重い負荷がかかっているので、これ以上負荷が重くなれば、耐え切れずに潰れてしまう中間管理職が続出することは避けられない。

そうした事態を未然に防ぐため、中間管理職をサポートすることが人事部の重要な仕事になってくる。

「部下のマネジメントについて言うならば、中間管理職任せにするのではなく、その上司、さらにその上司も積極的に関与する仕組みをつくるとか、メンタルヘルスケアについては産業医をはじめとする外部の専門家との連携を強化するとか、あるいはマネジメントスキルを高めるための研修の充実を図るといった、広い意味でのマネジメント支援が人事にとって大きなテーマになってくるでしょう。人事部の中に『マネジメント支援課』みたいな組織をつくる企業が出てくるかもしれません。それくらい人事にとっては大事なテーマになっていくと思います」

⑧人事考課を廃止する企業が続出する

「人事考課はものすごく手間がかかる割に、それに見合うだけの効果は得られていません。端的に言うならば人事考課は無駄。随分思い切ったことを言うと思われるかもしれませんが、そのことに気づき始めている会社は少なくないのではないでしょうか」

人事考課は、頑張った社員、成果を上げた社員に報いることでモチベーションアップを図ることが本来の目的である。しかし、「人事考課ではモチベーションは上がらない」と大久保氏は指摘する。

例えば、人事考課の結果を最終的にA・B・C・D・Eの5段階で評価した場合、平均より低いDやEの評価を付けられた社員は不満しか感じない。一方、BやCの評価を付けられた社員も「自分はもっと頑張ったはずなのに……」と不満を感じる。たとえA評価が付いても、本人が納得できるような昇給や昇格は望むべくもないので、これまたモチベーションアップはさほど期待できないということになる。

「半年とか1年という期間で査定するのは意味がない。よい仕事をした人、素晴らしい成果を上げた人は、その都度それに見合ったインセンティブ（昇進、昇格、昇給）で応えていく仕組みをつくることが大切であり、これ

からはそういう方向になっていくと思います。この話に共感してくれる経営者や人事担当者は結構いるのですが、残念ながら実践しようという会社はまだ現れていません。しかし、どこかがやり始めたら、人事考課を廃止する企業が続出するのではないかと考えています」

⑨人事部にエンジニアがいるようになる

　AI、クラウド、ビッグデータなど、さまざまなHRテクノロジーの導入が進むにつれて、人事部にもエンジニアが配属されるようになる。

　「データサイエンティストというと少し大げさですが、人事のデータベースやビッグデータを扱えるような人材がいないと人事の仕事が立ち行かなくなる。エンジニアに限らず、統計学や心理学といった知識がこれからの人事担当者にとっては必須科目になっていくでしょう」

⑩株主や家族をステークホルダーとして意識するようになる

　従来、人事部のステークホルダーは経営者であり社員であり、そして労働組合だった。しかし、これからは株主や家族もステークホルダーとして意識せざるを得なくなる。既にその兆候は現れているという。

　Environment（環境）、Social（社会）、Governance（企業統治）の三つの要素に着目して企業を分析し、優れた経営をしている企業に投資するESG投資が株式市場で注目を集めるようになってきていることが、その兆候の一つである。

　「人事が扱う情報の多くは非公開で、ブラックボックス化しているものが多いわけですが、ESG投資が注目され、それによって株価が変動することになると、人事部としてもおのずと情報公開を進めざるを得ないですし、株主を意識せざるを得なくなります」

　家族が人事部のステークホルダーになるのは、社員が安全かつ健康に働けることができるような安全配慮に努めることが、家族が安心して幸せな生活を送れることにつながり、結果として、人事部にとっての大き

なテーマになってくるからだ。

　例えば、恒常的な長時間労働を社員に強いればブラック企業のレッテルを貼られ、それが原因で過労死・過労自殺といった最悪の事態になれば、当然のことながら、その経営姿勢が社会的に厳しく糾弾されることになる。企業イメージは大きく傷つき、株価も下がる。そのような事態を避けるため、社員はもとより家族をも意識した安全配慮義務が、今後は人事部にとって大きなテーマになるということだ。

　「経営者の向こうにいる株主、社員の向こうにいる家族が、これからの人事部にとって重要なステークホルダーになります。株主と家族を意識した対応、対策が大きな課題になってくると思います」

第2章

戦略人事とは
経営・企業業績に貢献する人事

1 従来の人事は経営戦略と連携・連動していなかったのか?

　『労政時報』に連載していた「10年後の人事部」で取材した人事専門家20人から最も多く聞かれた言葉、それは「戦略人事」だ。「攻めの人事」「経営に貢献する人事」という言い方をする人もいたが、言わんとしているところは同じである。「10年後、戦略人事を実践していない企業は競争に勝てない」と断言する専門家も少なからずいた。

　人事に携わっている人間にとって、戦略人事は今や知っていて当然の一般常識だが、改めて「戦略人事について説明してみなさい」と言われると、しどろもどろになってしまう人が意外に少なくないのではないだろうか。「戦略人事」という言葉は、ややもするとイメージが先行しすぎている感がなくもない。

　「戦略人事」をネットで検索すると、以下のような解説がヒットする。

- 戦略人事とは経営戦略に深く関わる人事部という考え方。人事部は経営者のパートナーであり、人事部は人事や組織を活用し経営者とともに経営戦略を遂行していく
- 戦略人事とは、企業経営において経営戦略と人材マネジメントを連携・連動させることで競争優位を目指そうとする考え方、およびそれを実現するための人事部門の機能や役割などを包括的に示す用語
- 戦略人事とは戦略的人的資源管理の略語。企業の経営戦略の目的達成を目指して、人的マネジメントを行っていくことを意味する

　分かるようであり、よく分からないところもある。というよりも、素朴な疑問を感じざるを得ない。それは、従来の人事部は経営戦略の目標達成を目指した人的マネジメントを行ってこなかったのかという疑問だ。

　会社が求める人材像に沿った採用を行い、会社が求める人材育成を徹底して行い、配置や異動、評価・処遇することで、間接的ではあっても

人事部は経営戦略の目標達成を目指した人的マネジメントを行ってきたのではないのか？

　残念ながらというべきか、人事部は経営戦略の目標達成を目指した人的マネジメントを行ってこなかったと言わざるを得ない。

　これまでに取材した人事担当者は優に500人を超えるが、ある一時期、取材を終えた後に必ず次の質問を人事担当者にぶつけてみたことがある。

　「人事は経営戦略の実現――会社の売り上げ増、利益増に貢献していると思いますか？」

　唐突なこの質問に対して、大半の人事担当者は「どうなんでしょうかねぇ」と苦笑いを浮かべるか、「うーん」とうなったまま黙り込んでしまうかのどちらかだった。かろうじて質問に対して反応してくれる人はいたものの、以下のように答えるのが精いっぱいだった。

　「人事というのは売り上げ増とか利益増とか、そういうことに直接影響するものではない」

　「人事施策というのは短期的に成果が出るようなものでもなければ、成果を数字で示すことができるようなものではないので、その質問に責任を持って答えるだけの材料がありません」

　「人事施策によって売り上げや利益がアップしたとはいえないが、少なくとも売り上げや利益の減少に歯止めをかけるような効果はあると思う」

　記憶に残っている中で、「経営戦略の実現に貢献している」と胸を張って答えた人事担当者は3人しかいない。

　真っ先に頭に浮かぶのは、2005年にリクルートから転職して以来長年にわたってソフトバンクならびに同グループの人事責任者を務めている青野史寛氏（現ソフトバンク株式会社 専務執行役員兼CHRO）だ。

　拙著『300年企業目指すソフトバンクの組織・人事戦略』（労務行政、2012年）の取材で会ったときのことだが、青野氏は「経営戦略の半分は人事が担っている」と豪語してはばからなかった。

　「なぜなら“企業は人なり”であって、人なくしては何一つ動かない。

いくら優れた経営戦略があっても、それを実践するのは人材であり、経営戦略に合った人材を手当てできなければ戦略は実現しないのだから」

『10年後の人事部』で取材した株式会社日立製作所の髙本真樹氏（人財統括本部 システム＆サービスビジネス人事総務本部担当部長、取材当時）は次のように言い切った。

「HR部門は最も大事な経営戦略部門だと思っています。人なくして事業は成り立たないのですから」

同じく『10年後の人事部』の取材で会った日揮ホールディングス株式会社の花田琢也氏（経営統括本部人財・組織開発部長兼データインテリジェンス本部長、取材当時）は「ITと人事が企業変革をリードする」というフレーズをよく口にする。

「企業変革をもたらすデジタライゼーションは絶対必要ですし、デジタライゼーションを推進していく人材が必要です。どちらが欠けてもダメで、ITと人事が両輪になって企業変革をリードすることが必要です」

ソフトバンクの青野氏、日立製作所の髙本氏、そして日揮ホールディングスの花田氏の言葉に耳を傾けていると、「戦略人事」とは詰まるところ経営戦略を力強く支え、売り上げや利益の増大に貢献するという気概を人事の責任者ならびに担当者が持っているかどうか、それを実践しているかどうか、その一点に尽きるのではないかとさえ思えてくる。

2 戦略人事とは事業戦略を実現し、企業業績に貢献する人事

　デイビッド・ウルリッチ（ミシガン大学ロス・スクール・オブ・ビジネス教授）が著書『MBAの人材戦略』（日本能率協会マネジメントセンター／1997年刊、原題『Human Resource Champions』1996年刊）の中で戦略人事を提唱したのは今から四半世紀ほど前のこと。同著の中でウルリッチ教授は経営戦略と人材マネジメントを連動させ、競争優位を生み出すことを目的に人事の仕組みや制度を考え、実践し、経営に貢献する人事の在り方こそが、これからの人事のあるべき姿であると説いた。

　ウルリッチ教授が説いた戦略人事の要諦を、総合人材サービスを手掛けるパーソルグループのシンクタンクである株式会社パーソル総合研究所の佐々木聡コンサルティング事業本部長は次のように解説する。

■CoE、BP、OPEこそが10年後の人事の基本形

　1990年のバブル経済崩壊と、後に"失われた20年"と呼ばれる低成長時代に入り、人事を取り巻く環境は大きく変わったと佐々木氏。

　「低成長に加えて、グローバル化、成果主義、ダイバーシティなどが一気に複雑に絡んできて、90年以降、従来どおりの人事ではコントロールが利かなくなってしまいました。そういう中で台頭してきたのが現場主義の考え方です。人事部主導ではなく、顧客や市場に近い現場が人事をコントロールすべきだという考え方の下、人事の現場主義が一気に広まりました。では、今現在、人事の現場主義はうまくいっているのかというと、必ずしもそうではありません。組織や業務の複雑化、人材の多様化、現場マネージャーの負荷の増大等々で、現場主義のほころびや限界が露呈し始めています」

　こうした状況を打破するための処方箋としてここ数年日本で注目を集

めているのが「戦略人事」であり、「HRトランスフォーメーション」であると佐々木氏は続ける。

「戦略人事というのは、人事が戦略的だということではありません。"事業戦略を推進するための人事"というのが戦略人事の本質的な意味です。あくまでも事業をサポートすることが人事の役割であって、人事の現場主義ということに変わりはありません」

また、戦略人事を実現するための参考書として、多くの人事担当者に読まれているのが、ウルリッチ教授らによる共著で2009年に出版された『HR Transformation』だ。日本では『人事大変革』(生産性出版)というタイトルで2010年に出版されている。

ちなみに、"Transformation"(トランスフォメーション)とは「変化」「変質」「変換」などを意味する言葉なので、「HR Transformation」を正確に訳すならば「人事変革」になる。それではインパクトが弱いと考えた出版社が「大」の1文字を付け加えて『人事大変革』としたことは容易に想像がつく。

結果として、アメリカでは戦略人事は当然起こり得る人事変革として受け止められたのに対し、日本ではそれがとんでもない大変革として受け取られ、人事担当者が必要以上に身構えることになったのではないか。これはあくまでも推測にすぎないが、そういう気がして仕方がない。

著書『人事大変革』の中で、ウルリッチ教授が大変革を遂げた後の人事部のモデルとして紹介しているのが、CoE(Center of Excellence)、BP(Business Partner)、OPE(Operational Excellence)の3機能からなる人事組織だ[図表2 - 1]。

【CoE／Center of Excellence】
　CoEを直訳すると、"組織を横断する部署や研究拠点、役割"という意味合いだが、人事の話題に関連して使われるときは"人事領域全般の専門家集団"という意味になる。日本企業における本社人事部と違うのは、必ずしも人事全般の責任権限を持っているわけではない点だ。別の言い

[図表2-1] CoE、BP、OPEの3機能からなる組織モデル

CoE 〈Center of Excellence〉	BP 〈Business Partner〉	OPE (Opex、OPs) 〈Operational Excellence〉
人事領域全般の専門家集団／人材の切り口から経営を考える経営企画部門	各事業部門の人事戦略参謀的存在／人と組織の面から各事業部門をサポートし、事業の成長を促す	給与計算、支払い業務、福利厚生対応、採用事務管理、研修業務管理など、人事にまつわる事務組織

方をすれば、CoEのトップは必ずしも CHO／CHROとは限らない。"人材の切り口から経営を考える経営企画部門" と位置づける識者もいる。

【BP／Business Partner】

　BPは、いわば各事業部門の人事戦略参謀的存在だ。人と組織の面から各事業部門をサポートし、事業の成長を促す役割を担う。「HRビジネスパートナー（HRBP)」ということもある。戦略人事を実現する上で重要なポジションとされる。

【OPE／Operational Excellence】

　給与計算、支払い業務、福利厚生対応、採用事務管理、研修業務管理など、人事にまつわる事務組織のことである同時に、その機能が競争上の優位性を持つレベルにまで鍛え上げられた状態を指す。Opexと略すこともあれば、OPsと表現することもある。

　「人事部門の役割に関する基本的な考え方は、バブル崩壊後の現場主義と同じですが、その一方で中央コントロールも同時に利かせた人事でなければ機能しないというのがウルリッチ教授らの考え方です。雇用の多様化、働き方の多様化などが進んで現場の人事が混乱し始め、うまく機能しなくなってきたので、現場主義をうまく機能させるためには戦略的に全体最適を考え、中長期的に人事を考える組織や専門家が必要だということで、CoEやBPという考え方が出てきたのです」

10年後を見据えた場合、CoEとBP、そしてOPEの三つの機能を有機的にコントロールできる人事組織、戦略人事があるべき人事の姿だと佐々木氏は言う。

　「これからの人事が向かう方向として、今のところ最も理にかなったフォーメーションだと思います。CoEとBP、そしてOPEの三つを有機的に機能させた戦略人事は、既に欧米のグローバル企業で一足先に導入が進んでおり、成果を上げているといわれています。日本ではHRトランスフォーメーションは、まだ緒に就いたばかりで、日本企業で戦略人事がうまくいっているという話はまだ聞いたことがありません。〝経験〟と〝勘〟と〝記憶〟に頼る高度経済成長期の人事がいまだに幅を利かせています。1日も早く戦略人事の導入に踏み切るべきです」

　戦略人事とは、CoE、BP、OPEの三つの機能からなる現場主義の人事である――こう定義づけると、戦略人事の概念はとても分かりやすくなる。

　しかし、人事部をCoE、BP、OPEの三つに機能分化した上で連携を図れば現場主義の人事がうまく機能するのか、戦略人事が実現するのかといえば、そうではない。単なる組織論にとどまっていたら、〝仏作って魂入れず〟の諺どおり、戦略人事は名ばかりになってしまう。

　では、戦略人事の〝魂〟とは何か？

　入魂すべきものは二つある。先に触れたように経営戦略を力強く支え、売り上げや利益の増大に貢献するという気概を人事の責任者ならびに担当者が持つということがまず一つ。

　ただし、これだけでは精神論で終わってしまう危険もあるので、売り上げや利益の増大への貢献を数値化すること、見える化することがもう一つの魂になる。具体的にいえば、損益計算書（P／L：Profit and Loss statement）に貢献できるような人事を実現するということだ。従来の人事に欠けていたのは、まさにこの視点であり、思考である。CoEとBP、OPEはそのような人事を実現するための組織論の一つにすぎない。

3 戦略人事を可能にする人事の見える化

「人事が最も大事な経営戦略部門」という認識は、残念ながらほとんどの経営者の頭の中にはないといってよいだろう。したがって、戦略人事を実践するためには、経営戦略、事業戦略を達成するために人事がいかに貢献できるか、人事の役割がいかに大きいかを経営者に啓発することが重要となる。

経営陣の理解が得られ、経営者がゴーサインを出せば、戦略人事は半分完成したも同然だ。後は経営者との意見交換、情報共有を密にし、経営戦略に沿った人事、さらにいえば経営戦略をリードするような人事を心掛け、実践していけばよいということになる。

この役割、すなわち、経営者に対する啓発、そして経営者との緊密な意見交換、情報共有の役割を担うのが、欧米にあってはCHRO／CHOである。日本企業においては人事担当の役員や執行役員であり、または人事部長だ。

人事の担当役員や執行役員、人事部長にそのような問題意識がなければ、人事部員によるボトムアップで会社全体を啓発していくことが、戦略人事の実現に向けた地道な活動の第一歩ということになる。

経営者に対する啓発のために、また社員に理解、納得してもらうために極めて効果的なのが、人事のデータ化であり、見える化だ。それこそが最強の説得材料になる。

目に見える客観的なデータは、経営者を説得する最強の材料になると同時に、実施した人事施策の成果・効果、経営への貢献度を測る上で公正な評価基準になり得る。株主に対する説明責任を果たす際にも役立つ。

このように考えると、戦略人事とは、煎じ詰めれば「経営戦略に合致した人事の見える化」だと定義できるといえよう。先に「HR部門は最も

大事な経営戦略部門だと思っています。人なくして事業は成り立たないのですから」という日立製作所の髙本氏の言葉を引用したが、髙本氏はさらに続けて次のように言った。

「しかし、口先だけで『HRが大事だ』と言ってもダメで、HRも自分たちの仕事の成果をきちんとデータで自己検証し、経営層にもアピールして投資を引き出す、そういうことが求められる時代になっています。AIなどへの投資を行ってスピーディーに必要なデータを分析し、適切な経営判断がデジタルにできるよう支援する、それがこれからのHRのあるべき姿だと思います」

人事がいかに経営に貢献しているか、事業に貢献しているかが単純明快に分かる方策を自分なりに考えたことがある。少々突飛な方策だが、「人事部独立採算制」あるいは「社内人材派遣制度」とでもいうべき仕組みをつくることで、それが可能になる。

すべての社員を人事部の所属とし、各事業部、部・課の要望に応じて社員を派遣するというのが、基本的なフレームワークである。

人事部は各事業部で求められるであろう人材を採用し、より高い派遣料がもらえるように教育訓練を施し、社員のレベルアップに努める。

各事業部や部・課は人材派遣会社を利用するときと同じように人事部との間で交渉を行う。

「来期は新卒者を５人派遣してほしい」

「さらなる業績アップのために、もっと優秀な人材が３〜４人欲しい」

「新規事業に当たりビッグデータに関する知識のある人材が欲しい」

「新規プロジェクトのリーダーにふさわしい資質、経験のある人材が欲しい」

「前回派遣してもらった人材は期待外れだったので、別の人材に代えてほしい」

「派遣料が高すぎるので値下げしてくれなければ、受け入れられない」
等々

こうした要望を聞きながら、人事部は派遣する人材を絞り込み、年俸や派遣期間で折り合いがつけば、その人材を事業部に派遣する。逆に人事部のほうから、「こういう人材がいるので、あなたの事業部で受け入れてもらえないだろうか」と交渉することもある。

　このようなフレームワークをつくることができれば、人事部の収益（各事業部等から得られる派遣料）と支出（人事部の人件費、採用費、教育費、タレントマネジメント料等々）が明らかになる。

　各事業部のニーズに合った優秀な人材を取りそろえておけば、それに見合った派遣料収入が見込める。派遣料収入の多寡でもって事業への貢献度、経営に対する貢献度も明らかになる。

　どこの事業部にも受け入れられてもらえない人材がいた場合にどうするのかなど、制度設計上詰めなければならない点も多々あるが、もしこれが実現すれば、これはこれで「人事大変革」といえるだろう。

データドリブン型HRが可能にする意識と行動の見える化・定量化

■求める人財像の見直しから始まった新たな人事

　従業員数約31万人を擁する日立製作所は、人事領域においてさまざまな先駆的な施策を打ち出すと同時に、画期的なソリューションを世に送り出している。特にHRのデジタライゼーション面で、その先駆的な役割を果たしているのが、システム＆サービスビジネス統括本部の人事総務本部であり、同統括本部ヒューマンキャピタルマネジメント事業推進センタ内に2017年4月に設けられたピープルアナリティクスラボ（People Analytics Lab〔以下、PAL〕）である。

　その取り組みについて、ヒューマンキャピタルマネジメント事業推進センタ長でもある髙本真樹氏（肩書は取材当時のもの）に話を聞いた。

　「2017年のPAL設置以前から、データに基づくHRの可視化が大事だという認識の下、データドリブン型HRの実現を目指して、さまざまな取り組みを行ってきました」

　データドリブン型HRへと舵を切ることになるきっかけは、今からちょうど10年前のリーマンショックだった。周知のとおり、同社はリーマンショックを引き金とする金融危機の直撃を受け、2009年3月期決算で7873億円の最終赤字を計上した。当時、国内製造業では過去最悪の数字である。しかし、2009年に代表執行役 執行役会長兼執行役社長に就任した川村隆氏と、2010年に代表執行役 執行役社長に就任した中西宏明氏の二人三脚による改革によって、同社は驚異的なV字回復を果たす。2011年3月期には2389億円の黒字を達成し、2013年度からは2期連続で過去最高益を計上した。

「このときに明確に打ち出された方針が二つあります。一つは、創業以来、当社は社会インフラに強みを持ち、"インフラの日立"ともいわれていたのですが、そこにITをはじめとするデジタライゼーションを付加した社会インフラ事業を新たに"社会イノベーションビジネス"と定義し、世界有数の社会イノベーション企業になるという方針です。もう一つはグローバル化をより一層加速しようというものでした」

この二つの方針、とりわけ社会インフラ企業から社会イノベーション企業への転換という方針を実行、実現するに当たり、必要となる人財像を見直し、再定義することが大きな課題として浮上した。

当時、従来は、顧客ニーズに合った製品をより高品質で、安く、速く、大量に市場に出すことがビジネスの基本モデルであり、そこでは"課題解決型人財"が求められる傾向にあった。一方、社会イノベーション企業で求められるのは、一言で言うならば"価値創造型人財"であり、"クリエイティブな感性とチャレンジ精神にあふれた人財"ということになる。そこで、同社システム&サービスビジネス統括本部は技術系採用において、データを基に、あるべき人財ポートフォリオを再設計するとともに、選考手順も見直し、実際の採用プロセスにHRテックの手法を反映することを始めた。

■価値創造型人財の採用を3倍に増やす

そこで、求める人財像を定量化、可視化するために大規模なデータ収集を実施した。まず、同社の採用選考の適性検査の結果データならびに属性データを数千人分収集するとともに、同様の適性検査等を約1万人の社員にも受けてもらった。さらに社内のハイパフォーマーを対象に、どのようなポテンシャルやケイパビリティ（能力・強み）を持っているのか、細かくヒアリングを行った。

それらの収集した膨大なデータを社内のデータアナリティクス専

門家の協力を得て分析した結果に基づき、人財を4象限（A、B、C、D）に分類し、人財ポートフォリオの見える化を図った。ここで縦軸、横軸の切り口をどう設定するかはとても重要になるという。

　今回の取り組みでは、「適性」を2軸4象限で分類しているが、取り組みの目的や、企業の置かれた状況、業種などにより、軸になるものは変わることになる。

　同社の場合、A、B、C、Dの4分類に社内の人財を当てはめると、圧倒的に課題解決型人財が多く、それに対して価値創造型人財はごくわずかしかいないという結果が出た。価値創造型人財は社内においては圧倒的なマイノリティで、会社の目指す方向とは大きな乖離_{かいり}があることが判明したのである。

　同様の分類を2015年の新卒応募者ならびに合格者に当てはめてみると、やはり課題解決型人財が圧倒的に多く、価値創造型人財はごく少数という結果が出た［図表1］。

　課題解決型の面接官が、自分と価値観が近い人、親和性の高い人

[図表1] 2015年の新卒応募者と合格者の人財分類

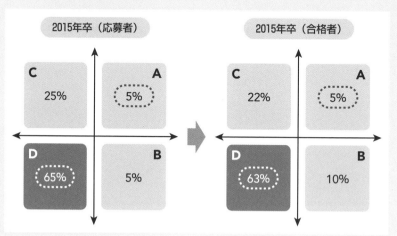

資料出所：「生産性向上と輝く一人ひとりを両立させる HRテック：データ分析がもたらす人事の新たな価値創造」（『日立評論』2018 vol.100 No.4。［図表2］も同じ）

を高く評価しがちであるのは容易に想像がつくことであり、それが採用結果に直結するのだから、課題解決型の新入社員が圧倒的に多くなるのは当然の結果と言うべきだろう。

ちなみに、以上のことからA、B、C、Dの4分類のうち最も多いDが課題解決型、最も少ないAが価値創造型であることが分かる。

人財ポートフォリオを定量化、可視化することで、人事として取り組むべき課題も明確になった。

「リカレント教育の充実を図ったり、課題解決型の人財を新たなチャレンジングな仕事や新しいポストに就けたりすることで、価値創造型人財に育てることももちろん大切です。一方で、そもそもの入り口、つまり採用の段階から価値創造型人財を積極的に確保していく必要があるという問題意識を持つようになったことが、その後データドリブン型HRへの移行を目指す取り組みのスタートラインになりました」

同社のシステム&サービスビジネス統括本部が価値創造型人財の積極採用に乗り出したのは、2017年新卒者の技術系採用からである。価値創造型人財の採用を前年度比3倍へ増やすことを目標に、従来とは異なる採用戦略を練った。

「それまで、価値創造型人財の採用割合が5%程度と少なく、社内では圧倒的マイノリティでした。それではどうしても会社の既存の文化にのみ込まれがちになりますので、会社の文化を変えるためには価値創造型人財を少なくとも10%、できればそれ以上に増やしたいということで前年度比3倍、15%を目標に掲げました」

従来の採用と一番異なるのは面接である。価値創造型人財の獲得を念頭に、面接官の人選、面接時の質問項目の絞り込み方、面接官のトレーニング方法などを変えた。

「面接官は、社内で価値創造型と目されている社員を人選するよう意識しました。同時に、社内のハイパフォーマーにヒアリングした

内容を煎じ詰めて、価値創造型人財をピンポイントで採用できるような質問項目の絞り込みを行いました。その上で、面接官に対するワークショップを行い、従来とは異なる趣旨で面接を行うこと、絞り込んだ質問項目による発問を徹底すべきこと、質問に対する学生の受け答えに対する判断の仕方などをレクチャーしました」

このような面接を行った結果、2016年卒では合格者の5%にすぎなかった価値創造型人財を、2017年卒では同13%にまで増やすことに成功した［図表2］。

高本氏は「ほぼ予定どおりの成果を上げることができました。数字上だけでなく、社内の反応からもすぐに成果を実感することができました」と評価する。

「新入社員を配属するとすぐに、配属先から次々と電話がかかってきました。『今年の採用方法はこれまでと何か違うのではないか』と。価値創造型の人財は社内では異質な存在ですので、そういう反応が

［図表2］2016年卒・2017年卒に見る合格者の人財分類の変化

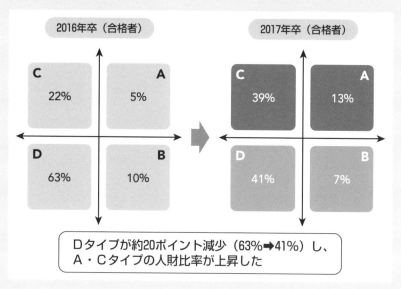

出るのは予想どおりというか、ある意味、期待に沿ったものであり、私自身は逆に手応えを感じました」

■"意識"に着目したシステムで生産性が飛躍的に向上

　人財ポートフォリオの定量化、可視化をベースにした採用が狙いどおりの成果を上げたこともあり、同社では2017年4月にPALを開設した。折しも同年3月に働き方改革実現会議が非正規雇用の処遇改善、賃金引き上げと労働生産性向上、長時間労働の是正などからなる「働き方改革実行計画」を決定した直後ということもあり、開設されたばかりのPALもまた、働き方改革に沿った生産性向上、特にホワイトカラーの生産性向上に取り組むことになった。

　生産性の向上に向けたアプローチとしては、①分母になるインプット（労働投入量＝労働者数×労働時間）を減らすか、②分子になるアウトプット（付加価値額または生産量など）を増やすか、③その両方を同時に推し進めるか——ということになるが、同社の取り組みはユニークなものだった。

　「生産性向上のために労働時間の短縮を図ることも大事ですが、単に時短を進めればよいということではなく、産み出された時間をより価値を生む時間にシフトすること、すなわち労働の質を高めることこそが大事だと考えました。では、労働の質をどう計測したらよいのかと悩んだ末に着目したのが社員の意識でした。われわれはともすると行動ばかりに注目しがちですが、行動を変えるのは意識だという観点から、社員一人ひとりがどのような意識で仕事をしているのかを可視化してみたいと考え、社員個々の意識にフォーカスしたサーベイの開発に着手したのです」

　はじめに社内の人事部門の30人以上の部長クラスを対象に、生産性が高く、イキイキと働いている状況に関するヒアリングを実施。同時にキャリア問題に関心の高い社会人大学院生約30人にもヒアリ

ングを行った。その結果出てきたさまざまな要素について、一般の社会人約 2000 人を対象にデータ収集を実施。筑波大学の協力の下、尺度開発の手続きによって、配置配属と生産性に関する意識を探る二つのサーベイを開発した。

「一つの因子について 3 問を設定し、一つのサーベイで 33 問。二つのサーベイでは合計 66 問となり、両方に回答しても 20 分強ほどで終わります」

両サーベイを核にして 2018 年 10 月にリリースされたのが『日立人財データ分析ソリューション』である。

『日立人財データ分析ソリューション』を用いると、さまざまな意識を客観的なデータとして把握すること、すなわち、可視化することができる。例えば、社内の設計開発部門で使ってみたところ、「週末、特に金曜日に残業している人は生産性が低い」、逆に「土日に出勤している人は生産性が高い」という結果が出た。この分析結果を受けて、何が要因になっているのかについて幾つか仮説を立てて検証し、金曜日に残業を減らすための具体的な施策を提案。その部門が採った施策は、「金曜日の昼間に一切会議しない」というルールを設けることだった。「金曜日に残業するのはスマートな働き方ではない」とデータを基に打ち出したことで、その職場の生産性は驚くほど上がったという。例えば、金曜日に会議ができないので、マネジャーは月曜日から木曜日の間で会議その他を終わらせるように段取りし、その結果、計画的に仕事が進むようになった。また、会議がない金曜日の昼間に開発用のマシンを集中して使用することが可能となり、土日出勤も減少した。さらに、金曜日に会議がなく、マシンを使う必要もない場合には社外でも仕事ができるため、在宅勤務やサテライトオフィスを利用するケースが増えたほか、自発的に 3 連休にしてリフレッシュを図る社員も出てきた。

「何か特別に投資をしたわけでもないのに、社員の意識が変わり、

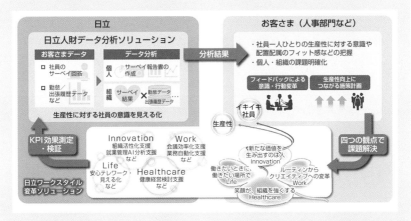

行動が変わり、生産性が上がりました。月曜日から金曜日の5日間でやっていた仕事が、極端な話、月曜日から木曜日の4日間でできるようになったのですから、すごいことです。データに基づくファクトを示した上で金曜日の会議を禁止し、"金曜日に残業をするのは格好悪いですよ"と言っただけで、魔法のような話ですが、大幅に生産性が向上したのです」

　2018年10月17日に発表された『日立人財データ分析ソリューション』に関するニュースリリースには、以下のことが可能になると記されている［図表3］。

生産性や配置配属に特化した測定方法を基にしたサーベイに社員が回答することで、これらに対する意識を、挑戦意欲や役割理解などの観点で定量化し、社員一人ひとりの意識に寄り添ったフィードバックコメントを記載した報告書を個人向けに提供します。また、定量化した結果と勤怠や出張履歴などの行動データを、日立の人工知能技術「Hitachi AI Technology/H」などで掛け合わせて分析することで、生産性向上に寄与する要因を導き出します。これらにより、企業など

の人事部門は、社員へは、個人の生産性に対する意識の理解を図ることで、一人ひとりがより能力を発揮してイキイキと活躍するための意識変革を促し、組織へは成果を挙げるためのアクションプランを提示するなど、改善に向けた取り組みにつなげることができます。(中略)人財の採用においても、応募者の適性テストの回答結果などを利用し、人財ポートフォリオとして見える化することが可能です。この結果を、求める人財要件の明確化や採用方針の検討につなげることで、成長戦略に即した効果的な組織作りをめざすことができます。

　なお、開発した二つのサーベイやAIを活用し効果的でより精度の高い人事施策の実行へとつなぐ取り組みは、2018年の「第3回 HRテクノロジー大賞」（主催：「HRテクノロジー大賞」実行委員会、後援：経済産業省など）を受賞している。

■データドリブン型HRの重要性

　『日立人財データ分析ソリューション』は、働く人の意識に着目したサービスだが、同社はこれに先駆けて働く人の行動に着目した組織活性化支援サービスも提供している。AIとウェアラブルセンサーを活用した行動データの可視化と分析により組織を"元気に"する『Hitachi AI Technology／組織活性化支援サービス』がそれだ。

　社員は名札型のウェアラブルセンサーを首に掛けて通常どおり業務を行い、業務終了時にウェアラブルセンサーをマルチクレイドルに差し込むと、充電とデータ転送が開始される。

　これにより社員の行動データを計測、可視化して"組織活性度"を算出し、組織の状態を把握する。社員の誰と誰がつながっているか、キーパーソンは誰か、情報の発信者と受け手はどちらなのかなどを可視化した結果をAIで分析することで、組織の活性化施策を検討する——というのがシステムの概略だ。

ちなみに、"組織活性度" とは人と人の間で好循環が回り、イキイキと働ける元気な職場の度合いを数値化したもの。同社では "組織のハピネス度" とも表現している。

　働く人の意識に着目した『日立人財データ分析ソリューション』、働く人の行動に着目した『Hitachi AI Technology／組織活性化支援サービス』、それぞれのデータが今後さらに蓄積され、データを組み合わせた分析・活用が可能になれば、現在では予想もつかないような効果を得ることができるかもしれない。

　「現在は AIが計算して導き出した結果を、人間が読み解いて判断しています。最終的には人間の力量が問われているわけです。しかし、10年後には人間が全部読み解かなくても、AI自身がデータを読み解いてかなりの部分までは、仮説を立てるところまでやってくれるようになると思っています。むしろ、そういう使い方をしないと、せっかくの AIがもったいないともいえます」

人事とデジタルが企業変革をリードする

■CHO（人事責任者）とCDO（デジタル分野の責任者）の兼任は 10年後のあるべき姿

　入社当初は石油と天然ガス分野のプラントエンジニア業務に携わってきた花田琢也氏は、IT企業とのジョイントベンチャーの立ち上げや海外エンジニアリング子会社の経営に携わった後、2017年同社で初めてのエンジニア出身の経営統括本部人財・組織開発部長に就任した。さらに翌2018年春には、新たに創設されたデータインテリジェンス本部長（CDO：Chief Digital Officer）に就任している。人事部門の責任者とデジタル分野の責任者を兼務する極めて珍しい人事だといってよいだろう。

　しかし、今後AIやクラウド、RPAが会社組織の隅々にまで入り込む時代になれば、決して珍しい人事ではなくなっているかもしれない。その意味では、花田氏は10年後、20年後の人事部門の責任者の"あるべき姿"を体現しているといっても過言ではない。

　人財・組織開発部長としての花田氏の基本的な考え方は、人財・組織開発部の2019年度ビジョンや運営方針、行動指針に明記されている。

【ビジョン】
- 経営課題の一つである「遂行 Capacity-Up」に向けて、「質の向上」と「量の確保」を達成すべく、オーナーシップを以って半歩先を見すえた人財・組織開発の諸策を実施する
- 会社を取り巻く社会環境を踏まえて「働き方」の目指す姿を検討し、「エンゲージメントレベル」の向上を図る

【運営方針】

①人財・組織開発部を取り巻く環境に適応した部門組織〜業務環境の変化を勘案したチーム構成

②プロジェクト遂行 Capacity-Up を積極的に推進〜コア人財の輩出・早期育成・遂行部門とのコミュニケーション

③人財開発における先端技術の活用〜HRテクノロジーの積極的導入、エンジニアリング業界の人財開発分野をリード

④社内のパフォーマンスレベルの向上を実現する組織開発の推進〜「ラポール制度」(後出 [図表4] 参照)、「JGC Way」等、新たなコミュニティーの創生

⑤社内外の人的リソースの最適活用に向けての基盤作り〜グローバル人財の可視化、新たな社外リソースの開拓

⑥業務遂行の改善と変革〜「RPA」の導入、部門のパフォーマンス向上

⑦健康企業としての基盤作り〜企業と社員の健康のあり方、目標レベル(KPI)策定、健全な経営環境の醸成

【行動指針】

• 会社のパフォーマンス向上をリードするという志を持とう
• 現場(社員)に足を運び、現場と F2F で語り、心の声を聴こう
• 新たな挑戦はウォーターフォール型からアジャイル型※に変えよう
• 前向きな失敗を皆で肯定できるような部門内の空気を造ろう

※アジャイル型開発:初めから厳密な仕様を決めて開発を開始する(ウォーターフォール型)のではなく、開発途中の仕様や設計の変更を前提として織り込んだ上で、小さな単位で実装とテスト実行を繰り返し、開発を進めていく手法。

　「いくら立派なビジョンや運営方針を打ち出しても、根っこの部分の行動が伴わなければビジョンや運営方針の実現はかないません。ですから、人財・組織開発部長就任以降は行動指針の厳守を常に訴

えています。中でも一番重要なのが、前向きな失敗を皆で肯定できるような空気をつくることです。そうした空気がなければ、アジャイル型の新たな挑戦などできるはずがありません」

　花田氏は、データインテリジェンス本部長就任早々に「ITグランドプラン2030」（ITGP）[図表1] を策定し、同社が今後取り組むべき五つのイノベーション（① AI設計、②デジタルツイン、③ 3Dプリンター・建設自動化、④標準化・モジュール化、⑤スマートコミュニティー）を明示するとともに、それぞれの現状の課題と短期・中期・長期的な狙い、方向性について2030年までのロードマップを描いた。

[図表1] ITグランドプラン2030（ITGP）の概要：五つのイノベーションとロードマップ

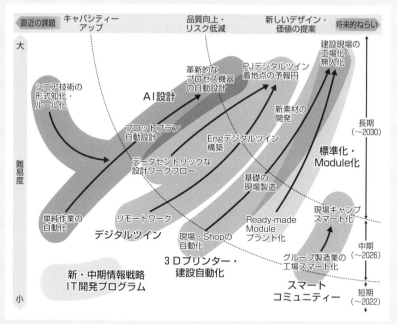

[注]　デジタルツイン：現実世界のデータを用いて、デジタル空間に忠実に再現された、動的な仮想モデル。
　　　標準化・モジュール化：ハードウエアやソフトウエアの生産で、標準化された部品を使い、コスト削減とシステムの多様化を図ること。
　　　スマートコミュニティー：都市交通システム・住民のライフスタイル変革等を複合的に組み合わせて最適化されたシステム構築を図ること。

「データインテリジェンス本部を創設する前、当社事業のデジタル化は他社に比べて周回遅れどころか２周遅れているといってもよい状態で、石油メジャーであるエクソンモービル社の幹部に『IoT、AI、デジタライゼーションへの取り組みを加速させなければ日揮は時代に取り残されたダイナソー（恐竜）になる』との挑戦的なアドバイスを受けることもありました。それではいけないということで、社内のIT関連組織を集約してデータインテリジェンス本部が創設され、私がCDOに任命されたのです」

■ソーシャルスタイル分析で人事課題を把握

　人財・組織開発部長に就任した花田氏の目に、同社の人材マネジメントは勘、経験、記憶の「3K」に頼った古典的なものに見えた。と同時に、「人こそ財産」と言いながら、一人ひとりの良さを評価し、引き出すためのサポート体制、とりわけ若手社員の定着、育成を図るためのセーフティーネットとも言うべき基盤が整っていないように感じられた。

　そうした現実を可視化し、課題を正確に把握するため、花田氏が最初に行ったのは社員を対象にした1000人規模のアンケート調査だった。このアンケート結果を基に、アメリカの産業心理学者デビッド・メリルが提唱したコミュニケーション理論（ソーシャルスタイル理論）[図表2] に従って「感情開放度」の高低を縦軸、「思考開放度」の高低を横軸に、社員を四つのスタイルに分類した。

　このソーシャルスタイル分析の結果を職種別、役割別に可視化することで、よりきめ細かい現状分析、より正確な課題把握に努めた。こうしたアプローチは、エンジニア出身で人事分野に携わることとなったキャリアを持つ花田氏ならではといえるのではないだろうか。

　アンケート結果に合わせて、エンジニアリング会社の現状——その業務特性もソーシャルスタイルで分析した [図表3]。例えば、専

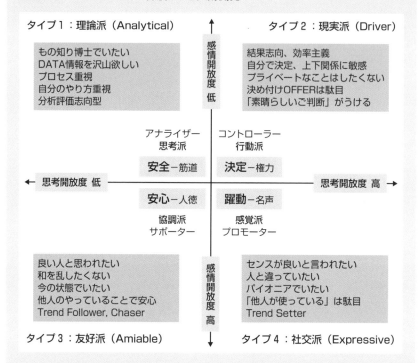

[図表2] ソーシャルスタイル分析による人財開発

タイプ1：理論派（Analytical）

もの知り博士でいたい
DATA情報を沢山欲しい
プロセス重視
自分のやり方重視
分析評価志向型

タイプ2：現実派（Driver）

結果志向、効率主義
自分で決定、上下関係に敏感
プライベートなことはしたくない
決め付けOFFERは駄目
「素晴らしいご判断」がうける

感情開放度 低

アナライザー
思考派
安全−筋道

コントローラー
行動派
決定−権力

思考開放度 低 ←

思考開放度 高 →

安心−人徳
協調派
サポーター

躍動−名声
感覚派
プロモーター

感情開放度 高

良い人と思われたい
和を乱したくない
今の状態でいたい
他人のやっていることで安心
Trend Follower, Chaser

センスが良いと言われたい
人と違っていたい
パイオニアでいたい
「他人が使っている」は駄目
Trend Setter

タイプ3：友好派（Amiable）

タイプ4：社交派（Expressive）

門分野に特化・集中し、冷静に作業を完遂することが求められるエンジニア（EN）はタイプ1の理論派、納期や予算、マンパワーなどを総合的に勘案していかなければならないプロジェクトマネジャー（PM）やコンストラクションマネジャー（CM）はタイプ2の現実派、他のエンジニアの要望を聞いたり、ルーティンワークを処理したりすることも多いプロジェクトエンジニア（PJE）はタイプ3の友好派に分類される──といった具合だ。

　ちなみに、エンジニアの中でもITエンジニアは思考開放度も感情開放度も低く、よく言えば"研究リッチ"な理論派だが、"オタクタイプ"に近い社員も見受けられるという。また、人事部門はタイプ3の友好派に分類されている。思考開放度が低いのは、安定や公平性

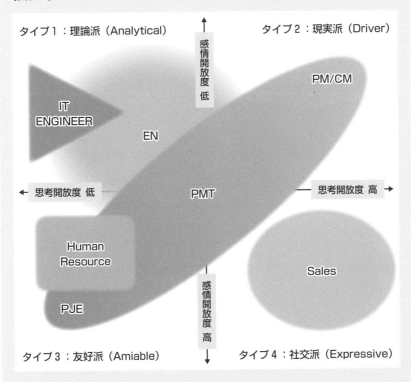

[図表3] ソーシャルスタイル分析：エンジニアリング会社の現状

タイプ1：理論派（Analytical）　　　　　　　タイプ2：現実派（Driver）

感情開放度 低

PM/CM

IT
ENGINEER

EN

← 思考開放度 低　　　　　　　PMT　　　　　　　思考開放度 高 →

Human
Resource

Sales

PJE

感情開放度 高

タイプ3：友好派（Amiable）　　　　　　　タイプ4：社交派（Expressive）

を志向する体質のため、感情開放度が高いのは社員一人ひとりと向
き合う仕事だから——というのがその理由だと花田氏は言う。

　社員アンケートの結果と、ソーシャルスタイルで分析した会社の
現状を照らし合わせると、エンジニアリング会社として求める人材
が適切に採用できているかどうか、育成できているかどうか、配置
できているかどうかが一目で分かる。すなわち、このアプローチは、
採用や育成、配置に活用できるということにほかならない。

　「アンケート結果と会社の現状分析をした結果を見比べて、ひょっ
としたら採用の際にミスリードしているのではないかとも思いました。
学生は念入りに就職活動の準備をしているので、面接での受け答え

などもソツがなく、話がうまい。そういう学生は面接官の心証も良くなるので、結果的に内定を勝ち取る率が高くなります。

しかし、エンジニアリング会社が必要としているのはタイプ1に分類される理論派のエンジニアです。寡黙だけれども自分の意志をしっかりと持ち、自分なりのこだわりを持ち、突き抜ける技術力をもって目の前のテーマを完遂するタイプです。

従来の採用方法ではそのような人材を採用する仕組みになっていないのではないかという疑問が生じたため、試しに寡黙なエンジニア人材が多くいそうな大学がある地域限定で採用広報を発信してみました。その成果はまだ検証されていませんが、今後もいろいろなバリエーションの採用活動を展開していくことが必要だと考えています」

■横・縦・斜めのコミュニケーション促進制度

ソーシャルスタイル分析を行うと同時に、花田氏は組織内での横・縦・斜めの人間関係に着目し、その関係性（ホリスティック）分析に着手した。その結果、花田氏が感じたとおり、若手社員の定着、育成を図るためのセーフティーネットが整っていないことが浮き彫りになった。この問題を解決するために2018年に導入したのが「ラポール制度」だ [図表4]。ちなみにラポールとは、「心が通い合っている」「どんなことでも打ち明けられる」「言ったことが十分に理解される」と感じられる関係を表す心理学用語である。ラポール制度を、同社は「横・縦・斜めのコミュニケーション」「若手社員のセーフティーネット」と説明している。

ラポール制度の対象は、現時点では入社1年目から5年目までの若手社員だ。横・縦・斜めのコミュニケーションを促進するため、なるべく同じ部門の若手が同じ組にならないように配慮して、若手社員を30〜40人ずつ8組に分ける。組ごとにリーダーを決め、人財・組織開発部の担当者が後見人としてサポートするという体制を取る。

[図表4] ラポール制度

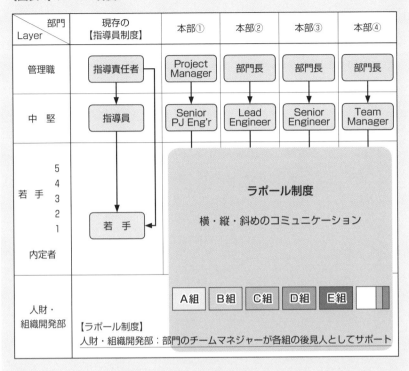

部門 Layer	現存の 【指導員制度】	本部①	本部②	本部③	本部④
管理職	指導責任者	Project Manager	部門長	部門長	部門長
中 堅	指導員	Senior PJ Eng'r	Lead Engineer	Senior Engineer	Team Manager
若 手 5 4 3 2 1 内定者	若 手				
人財・ 組織開発部	【ラポール制度】 人財・組織開発部：部門のチームマネジャーが各組の後見人としてサポート				

（図中）ラポール制度　横・縦・斜めのコミュニケーション　A組　B組　C組　D組　E組

円滑なコミュニケーションを促進するための懇親費も支給する。

「現存する指導員制度によって縦のラインでは多くの情報が共有されていますが、部門が異なると、同期であっても円滑な情報共有は難しくなりますし、まして違う部門の先輩、後輩となるとなおさらです。昔、私が入社したころは他部門の先輩や後輩も同じ寮に住んで、一緒に風呂に入ったり、食堂で一緒に食事をしたり、お酒を飲んだりして日常的にコミュニケーションを取り合い、情報交換をしたりしたものです。

今は社内SNSなどを通して情報共有を図ることができますが、簡便でスピーディーにやりとりできるという利点もある反面、フェイス・

トゥ・フェイスのコミュニケーションが希薄になっています。ラポール制度を利用して、同じ組の若者が年次という壁を取り払いメンバー同士で一体となって飲み食いしながら懇親を図り、議論することは、将来にわたって無形の財産になると思っています」

　現状のラポール制度は若手社員を対象にしたものだが、花田氏はシニア層のモチベーションアップに向けて、シニア層を対象にしたラポール制度的な構想も視野に入れている。

■ 10年後にはグローバルな企業間人材プラットフォームが誕生する?

　「ITと人事が企業変革をリードする」──これは花田氏がよく口にするフレーズである。

　「企業変革をもたらすデジタライゼーションは絶対必要ですし、デジタライゼーションを推進していく人材が必要です。どちらが欠けてもダメで、ITと人事が両輪になって企業変革をリードすることが必要です」

　デジタライゼーションを推進するのに必要な人材のタイプは大きく三つに分けられると花田氏は強調する。①課題解決型、②課題予見・発掘型、③価値創造型の3タイプだ。このように異なるタイプの人材の育成・活用を図るために、これからの人事は大きく変わらざるを得ないし、変わっていくだろうと予想している。

　「人材の教育プログラムにしろ、キャリア開発プログラムにしろ、これまでのレディーメイド（既製品）的なものから、社員一人ひとりの適性や能力、希望に合ったテーラーメイド（顧客各人の特徴に即して設計された製品）的なものに変わっていくのはもはや必然だと思います。

　人事制度がテーラーメイドになると、結果として社員一人ひとりの雇用形態自体にも影響が出てきます。それが今後10年くらいの大きな潮流になるのではないでしょうか」

雇用形態の異なる多様な人材を活用する上で欠かせないのが、一企業の枠を超えた人材プラットフォームだと花田氏は言う。いわば社会全体として機能する人材情報の共通基盤だ。

　「価値創造型の人材を社内だけで育てていくのは容易なことではありません。多様な人材を活用するためには、他企業との人材交流が今までの数十倍重要になってきます。そのためには、こうした人材プラットフォームが絶対に必要です。会社の枠を超えた、できるならばグローバルなタレントマネジメントのプラットフォームを構築する。個々の有能な人材はそこに登録し、企業が必要に応じてそのプラットフォームから人材を獲得するような時代が来るのではないでしょうか。

　こうした人材プラットフォームの実現に向けて、これからの人事部は社内の人事にだけ集中するのではなく、社外とのネットワークづくりを推し進めることこそが一番重要な仕事になってきます」

第3章
データと科学に裏付けられた
「見える人事」

1 日本のHRテクノロジー普及元年は2016年

「日本は欧米に比べてHRテクノロジーの活用が10年くらい遅れている。その理由として、欧米の企業に比べて日本企業の人事が社内的に非常に力を持った部門だったことが挙げられます。日本企業の人事のほうがスタッフの数も多いし、力もある。これまでのやり方で成功してきたので、AIよりも自分たちの経験や勘のほうが確かだという自信があるので、イノベーションに対するジレンマが働く。それがHRテクノロジーがなかなか進まなかった理由だと思います」（リクルートワークス研究所所長 大久保幸夫氏）

「これからはビジネスのグローバル化に伴って人事もグローバル化し、ダイバーシティが急速に進むので、客観的かつ公平な人材マネジメントが非常に重要になると同時に、非常に難しくなってきます。採用にしろ、評価にしろ、人事が収集、処理しなければいけない情報量がものすごく増えてくるからです。情報量の増大に対応するためにAIを駆使したさまざまなツールが使われるようになり、人材マネジメント機能は大きく変わっていくと思います」（学習院大学経済学部経済学科教授　守島基博氏）

HRテクノロジーに関しては欧米、特にアメリカと比較して日本は10年あるいはそれ以上遅れているといわれる。周回遅れなどという言葉も聞かれる。実際のところ、どうなのだろうか。

HRテクノロジーのルーツといえる給与管理や勤怠管理等の人材管理システムがアメリカで登場するのは1990年代前半のこと。1990年代後半になると、HRテクノロジーは人材の獲得、育成、評価などの人材活用システムへと進化し始め、1998年には第1回 HR Technology Conference & Exposition（以後毎年開かれているHRテクノロジーをテーマにした世界最大級のイベント）がラスベガスで開かれている。こ

れをもってアメリカにおけるHRテクノロジー普及元年は1998年といってもよいだろう。

日本でHRテクノロジーが普及するようになるのはアメリカに遅れることざっと20年弱——2015～2016年といえそうだ。

情報・通信分野専門の市場調査機関であるミック経済研究所の調査によれば、日本におけるHRテック・クラウド市場の規模は、2015年度65億円、2016年度119億円、以後、2017年184億円、2018年度256億円、2019年度355億円と右肩上がりに増え続け、同研究所では2024年度には1700億円規模にまで成長すると予測している。この調査結果からも日本におけるHRテクノロジー普及元年は2015～2016年ごろと推察することができる。

人事分野におけるテクノロジー活用やデータの分析結果を経営に活かすことを推進するHRテクノロジーコンソーシアム（HRT）が活動を開始したのが2015年9月であり、HRT等が後援する「HRテクノロジー大賞」の表彰が始まったのが翌2016年10月のこと。また、HRテックの総合サイト「日本の人事部 HR Tech」がグランドオープンしたのが2016年10月のことである。これらの出来事を重ね合わせると2016年こそが日本におけるHRテクノロジー普及元年といってよさそうだ。アメリカとの差は18年ということになる。

ちなみに、2016年度の第1回HRテクノロジー大賞で大賞を受賞したのは日本オラクルだった。当然の結果というべきだろう。

● **2016年度　第1回 HRテクノロジー大賞　日本オラクル**
（受賞理由）自社が提供するクラウドテクノロジー「Oracle HCM Cloud」を最大限に活用し、採用、評価、育成、リテンションといった社員ライフサイクルごとの人事施策を迅速・適切に実施することにより、経営に貢献する人事戦略を実現していることが高く評価された。

なお、2～5回目は、以下の企業が大賞を受賞している。

- 2017年度　第2回 HRテクノロジー大賞　日本アイ・ビー・エム

(受賞理由) 人事の全プログラムに最先端の人事システムとプロセスを導入することで、経験と勘による人事業務を払拭し、データに基づいた要員計画やタレント選抜を可能にすることで、社員のエンゲージメントを高め、プロアクティブな人事管理を実現した点が高く評価された。

　ちなみに、この年から経済産業省が後援につくようになる。

- 2018年度　第3回 HRテクノロジー大賞　日立製作所

(受賞理由) 個人の「生産性」および「配置フィット感」の意識を測る心理尺度構成と、その尺度構成を用いたサーベイを筑波大学の学術指導を受け独自に開発。AIを用いて、サーベイで得た個人の意識とさまざまな人事・行動データを分析することで、一人ひとりの行動変革を促す課題抽出を行い、効果的かつ効率的な、より精度の高い人事施策の実行へとつなぐ取り組みが高く評価された。

- 2019年度　第4回 HRテクノロジー大賞　楽天

(受賞理由) 対象国20ヵ国を超える規模で、グローバル共通のデータモデル・プロセスを策定することにより、全世界共通の人事データ統一基盤（HCM）をわずか1年で構築。20ヵ国の人事が協働して導入を進めたことで、採用・タレント管理・評価・ラーニング・経費管理を一つのプラットフォームで順次実現するなど、データに基づいた判断材料を提供する人事システム刷新への取り組みが高く評価された。

- 2020年度　第5回 HRテクノロジー大賞　日本アイ・ビー・エム

(受賞理由) IBM Watsonのコグニティブ分析機能により、膨大な量の学習ソースを迅速に統合、評価、管理し、社員の学習"体験"の質の向上にフォーカスしたラーニング・エクスペリエンス・プラットフォーム（LXP）である「Your Learning」は、SNS機能を介して社員が自律的に学習できる仕掛けが構築されており、社員の大幅な学習時間の増加とともに、社員のエンゲージメント向上にも貢献する優れた取り組みであると高く評価された。

　HRテクノロジー導入の狙いは大きく三つある。人事の生産性向上、デー
タドリブン人事の実現、そして人事の見える化の三つだ。

[1] 人事の生産性向上

　今後確実に進む労働力不足問題が一方にあり、政府主導の「働き方改革」
の一環として労働時間短縮を図らなければならないという課題がもう一
方にある。この両方を同時に解決するため企業にとっては生産性の向上
が至上命題になってくる。

　残念なことに、日本の労働生産性は先進諸国に比べて極めて低い［図
表3－1］。公益財団法人日本生産性本部の「労働生産性の国際比較」
（2019年版）によれば、2018年の日本の就業1時間当たりの労働生産性
（就業1時間当たり付加価値）は46.8ドル（購買力平価換算で4744円）で、
アメリカ（74.7ドル／同7571円）の6割強の水準でしかなく、OECD
加盟36ヵ国中21位。主要先進7ヵ国で見ると、データが取得可能な
1970年以降、ずっと最下位である。2018年の1人当たり労働生産性（就
業者1人当たり付加価値）は8万1258ドル（同824万円）で、こちら
もまたOECD加盟36ヵ国中21位というありさま。前向きに考えるならば、
いくらでも生産性向上を図る余地があるということだ。

　人事部もまた然りであって、人事業務そのものの合理化、効率化、す
なわち人事の生産性向上が大きな課題になっている。その解決策として
期待・注目され、導入が進んでいるのが、主として定型業務を代行・自
動化するRPA（Robotic Process Automation）であり、ICT（情報
通信技術）であり、AIやクラウドなどのテクノロジーなのだ。

[図表3-1] OECD加盟国の就業1時間当たりの労働生産性

単位：購買力平価換算USドル

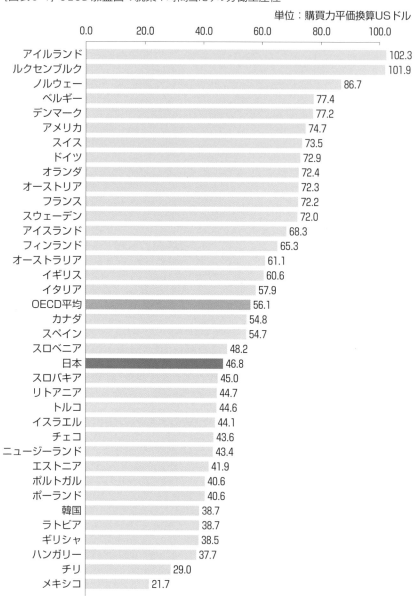

アイルランド	102.3
ルクセンブルク	101.9
ノルウェー	86.7
ベルギー	77.4
デンマーク	77.2
アメリカ	74.7
スイス	73.5
ドイツ	72.9
オランダ	72.4
オーストリア	72.3
フランス	72.2
スウェーデン	72.0
アイスランド	68.3
フィンランド	65.3
オーストラリア	61.1
イギリス	60.6
イタリア	57.9
OECD平均	56.1
カナダ	54.8
スペイン	54.7
スロベニア	48.2
日本	46.8
スロバキア	45.0
リトアニア	44.7
トルコ	44.6
イスラエル	44.1
チェコ	43.6
ニュージーランド	43.4
エストニア	41.9
ポルトガル	40.6
ポーランド	40.6
韓国	38.7
ラトビア	38.7
ギリシャ	38.5
ハンガリー	37.7
チリ	29.0
メキシコ	21.7

資料出所：OECD National Accounts Database, OECD Employment and Labour Market Statistics
[注]　1.　OECD平均は、各年における加盟国の平均値を表す。
　　　2.　欠落データは、各国統計局データ等により補完した。

RPAを使えば、採用活動に欠かせない面接官のスケジュール調整、応募者に対する面接日程のメール連絡、合格通知などを自動化することができる。月ごとの勤怠データの計算や集計、それに基づく給与計算や給与振り込み等々、従来人事担当者が手作業で集計し確認していた定型業務を RPA で自動化することができる。

　サッポロホールディングスと野村総合研究所（NRI）が共同で、AI技術を用いてグループ全体の業務効率化を推進するための実証実験を 2016年 12 月 1 日から 2017 年 4 月 30 日にかけて行った。サッポログループ従業員約 6000 人を対象に、人事・総務・経理・情報システムなどの社内問い合わせ対応業務に NRI の AI システム「TRAINA（トレイナ）」を導入し、どの程度効率化できるかを測定するという実験である。

　結果として、実験期間中に発生した問い合わせ対応業務が 45％削減、情報検索時間が 80％短縮などの効果が得られた。社内問い合わせ管理サイトで FAQ を一元管理する仕組みを作り、AI を介することで情報を探す手間を省き、検索スピードが上がることで、問い合わせ自体が減っていくことを目指す試みである。すなわち、AI を駆使すれば、これまでの業務が大幅に削減できる可能性があるということだ。

　ソフトバンクは 2017 年度から新卒採用選考の際のエントリーシート評価判定に AI を活用している。エントリーシートに盛り込まれている記述問題に対する回答を AI が評価するというものだ。送られてくるエントリーシートはピーク時には月数千件にも上り、以前はそれを採用担当者が手分けしてすべて熟読し、評価するという作業を行っていた。

　AI を導入したことによって、その作業に費やす時間は実に約 75％も削減できたという。約 75％の時間削減は、採用担当者全体で年間約 1000時間に相当するという。

　その時間を応募者とのコミュニケーションの充実、面接の充実に振り向けたり、翌年度の採用戦略を練る時間に充てることができるなど、時間削減効果のメリットは計り知れないものがある、と同社の人事担当者

は胸を張る（同社の事例については、後掲（企業事例）ソフトバンク株式会社「ITとAIを駆使して世界をリードする人事部を目指す」[106ページ] で詳述）。

[2] データドリブン人事の実現

　HRテクノロジー導入の狙い二つ目は、テクノロジーを活用することでより正確かつ高精度の業務処理を実現することであり、テクノロジーとデータを駆使したデータドリブン人事を実現することだ。各種データに基づいて科学的かつ客観的、公平・公正に人事のPDCAサイクルを回すようにするということであり、従来の「経験」と「勘」と「記憶」の3Kに基づく人事からの脱却を図るためと言い換えてもいい。

　「高度経済成長期の人事は、それまでの成功パターンに基づく"経験"と"勘"と"記憶"で行ってきました。これを私たちは"オールド3K"と言っています。こうした経験の価値などを完全に否定するつもりはありませんが、雇用形態も働き方も多様化し、複雑化している現状では、オールド3Kだけでは人事は務まらなくなってしまったといえます。日本で戦略人事がうまくいっていないのは、まだまだオールド3Kが幅を利かせているからです。戦略人事を成功させるために必要なのは、『ピープルアナリティクス』という言葉に象徴される"人材の見える化、人事のデジタル化"を図った上で、人材の最大活用を可能にするタレントマネジメントを実現することです。別の言い方をすれば、データに基づく"客観性"と"傾向値"、そして"記録"に基づく人事です。これを私たちは"ニュー3K"と言っています」（パーソル総合研究所 コンサルティング事業本部長　佐々木聡氏）

[3] 人事の見える化

　HRテクノロジー導入の狙い三つ目は人事の見える化だ。この先10年

を見通したとき、HRテクノロジー導入の最大の狙いであり、最終的な目的は人事の見える化を図ることだと言っても過言ではない。

　HRテクノロジーを活用するためには、採用や教育、タレントマネジメントなど、あらゆる人事業務をデジタルにシフトし、客観的なデータで管理することが不可欠であり、その結果として人事の見える化を図ることができる。人事の見える化は実効性のある戦略人事を実現するための要であるため、HRテクノロジーを導入して人事の見える化を図ることが非常に大きな意味を持つことになるわけだ。

　あらゆる人事業務がデジタル化、客観的データ化されるということは、人事の業績、成果、経営に対する貢献度が見える化されることにほかならない。やりがいがより大きくなると同時に、責任が非常に重くなるということでもある。今後は「人事の成果は単純に数値化できるものではない」という言い訳は通用しなくなる。

企業事例　日本アイ・ビー・エム株式会社

AI「IBM Watson」の活用で、他社に先駆けて個別最適化の人事を実現

■人事のほぼすべての領域で活用されている「Watson」

　IBMは、自社のAI「IBM Watson」を活用したシステムを"コグニティブ・コンピューティング・システム"と位置づけている。コグニティブとは「認知」を意味する言葉で、与えられた情報を処理する単なる機械ではなく、人間のように情報を理解するのみならず、これらの情報をベースに仮説を立てて推論し、この結果を自ら学習していくシステムで、一般的なAI（Artificial Intelligence／人工知能）とは一線を画す。

　さらに、IBMではWatsonを人の知見や知恵を支援・拡張するこ

とで新たな価値創造に資するAI（Augmented Intelligence ／拡
張知能）と位置づけ、"人間に代わって人工知能が仕事をする"といっ
た労働力代替とは異なる役割であることを強調している。

　日本アイ・ビー・エムのサイトでは、「IBM Watsonは、お客様
のビジネスに活用いただくためのAIです。」という見出しに続けて、
Watsonの機能を以下のように記している。

> 日々の業務から生まれるデータをナレッジに変え、業務プロセスに組
> み込んで活用することで、プロセスの効率化や高付加価値化を実現で
> きます。たとえば、人間には読みきれないような大量のデータの中か
> らすばやく知見や洞察を見出したり、顧客に対してさまざまな場面で
> 一貫した質の高い応対をすることを可能にします。また、情報と知見
> に基づく意思決定を支援したり、ビジネスのさまざまな業務や場面で
> あなたをサポートします。

　Watsonを組み込んださまざまなシステムが同社から提供されて
おり、多くの企業で活用されている。同社内でもあらゆる領域で
「Watson」を活用しており、人事領域もその例外ではない。

　同社の人事領域全般において「Watson」がどのように活用され
ているのか、その主だったものについて山口俊一理事（人事／HR
パートナー担当）に話を伺った。

　「募集・採用から育成・キャリア開発まで、人事のほぼすべての領
域でコグニティブ・コンピューティングを活用しています［図表］。
もちろん、先進テクノロジーを導入すること自体が目的なのではあ
りません。短期間にビジネスモデルを大胆に変革してきた当社では、
『高いスキルを持つ社員の保持』『機敏な業務環境の実現』『雇用ブラ
ンドの中心としてのキャリア』といったことが人事戦略上の重要な
課題です。これらの優先課題への具体的な取り組みにおいて有効で

[図表] 日本アイ・ビー・エムにおけるコグニティブ・コンピューティングの活用領域

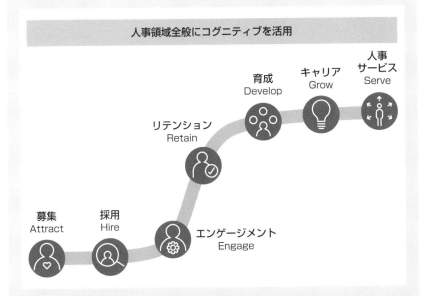

あるからこそ、コグニティブ・コンピューティングなどのHRテクノロジーを活用しているのです」

　以下では、在籍社員のタレントマネジメント上、近年特に重要な「エンゲージメント」「リテンション」「キャリア」「育成」の分野におけるコグニティブ・コンピューティングの活用について紹介する。

(エンゲージメント) データとインサイトによる現場の人事管理支援

　コグニティブ・コンピューティングを活用したエンゲージメントの支援システムは幾つかあるが、その中で代表的なものが、後述する「Your Career at IBM」に組み込まれ、個別化された社員レポートとインサイト (洞察) を提供する「Your Team」だ。

　「当社の人事管理は、基本的に現場の管理職に委ねています。したがって、現場での日々の人事管理や社員のキャリアへの配慮が、高

い社員エンゲージメントにとって必須となります。社員の育成者で
ある現場の管理職を支援するためのツールの一つが『Your Team』
です。これは、社員のキャリア開発のためのツールに組み込まれて
いる機能ですが、さらに広く、会社と社員が同じベクトルに向かっ
て進むようにサポートするツールといえます。

　職場の運営において現場の管理職は、複数の情報源からデータを
集め、概要をまとめて一覧表示する『Your Team』を目にしています。
この中にチーム・メンバーの一覧表示として『Team Members』
があり、ここから個別社員に関する『レポート』を確認することが
できます。管理職と社員は業務やキャリアについて定期的に1対1
の会話をしており、『レポート』は管理職と社員の会話の準備に役立
つ関連データと推奨されるアクションが表示され、チーム・メンバー
が業務やキャリアの目標を達成するための支援を充実させることが
できます。これを利用して、各チーム・メンバーとより有意義な話
し合いを実施することを促進しています」

　例えば、「Aさんの専門領域に関する事業部の需要は今後低下する
ため、スキルの転換を促す必要がある」「Bさんの専門領域に関する
労働市場の今後の需要は高く、処遇に注意を払う必要がある」「Cさ
んが昇進要件になっているスキルを取得したので、次のキャリアに
ついて話し合う時期だ」など、メンバーの勤怠管理や職務・スキル
情報などから推論して、現場の管理職に必要なアクションを促すよ
うになっている。ただし、詳細を読んだ管理職がどのように判断し、
アクションをするかまでは関与せず、現場の管理職の裁量に任せて
いる。人事におけるコグニティブ・コンピューティングは人事管理
に関する情報やインサイトを的確に提供するが、あくまで"人間の
意思決定を支援する"ツールであり、意思決定そのものではないこ
とが、ここにも表れている。

（リテンション）ツールやデータを活用したリテンション

　エンゲージメントの機能を持つ「Your Team」は、同時にリテンションのツールという側面も持っている。先に述べた例でいうと、専門領域に関する労働市場の今後の需要が高くなっているＢさんの処遇について考えることや、昇進要件になっているスキルを取得したＣさんのキャリアを考えることは、それらの社員へのリテンション策でもあるわけだ。

　「また、昇給の意思決定において現場の管理職を支援するツールが『IBM Compensation Advisor with Watson』です。チーム・メンバーのスキル、職種、労働市場における給与水準、職務等級の滞留年数、その他のさまざまな情報が『ダッシュボード』として一覧表示されます。そして、Watsonによる昇給の提案が表示され、現場の管理職が行う昇給の意思決定をサポートします。これによって、高いスキルを持つ社員が適切に処遇され、長く会社で貢献してもらうことを可能にしています」

　さらに、データに基づくリテンション施策も実施している。「社内の離職傾向、職種、職務等級、給与水準、その他さまざまな属性と離職率の相関関係を分析によって導き出し、離職の傾向が高い社員群の特徴を定期的に把握しています。同時に、その社員群にいる社員が辞めた場合に、新たに人材を採用して教育するコストを試算します。例えば、リテンション施策として離職傾向の高い社員群に対する昇給を実施する場合、昇給コストと新規採用・教育コストとを比較し、その比較において『昇給も有力な選択肢になり得る』と判断される場合に、現場の管理職に提案する施策も実施しています」

　このように、社員のリテンションに関してもコグニティブ・コンピューティングを活用し、必要な情報とインサイトを提供することによって、管理職の意思決定を支援しているのである。

（キャリア）スキル価値の可視化と、自律的なキャリア開発の支援

　技術の進展が急速なIT業界において、IBMでは、これからの事業に必要なスキルは何か、その労働市場における希少性はどうなのかを定期的に測定・判断し、必要なアクションにつなげている。この測定の枠組みを「Skill Value Framework（SVF）」と呼んでいる。SVFは、お客様へ価値を提供するために必要なスキルが何かを見極め、そこに焦点を当てて、人材に関する投資の意思決定を支援するために使われている。

　「事業における需要度は、近い将来のスキル需要の見込みを、事業部のマネジメントが定期的に見直し、決定します。労働市場における希少度は社内外のデータを活用し推計しています」

　例えば、事業における需要度が高く、かつ労働市場における希少性が高いスキルがあれば、その保有者のエンゲージメントやリテンションを意識したアクションが必要になる。また、どのスキルを保有する候補者の採用に先行投資をするか、どのスキルを保有する社員を事業の最前線に供給すべきかといった人員戦略にも反映される。個々人のスキル開発では、個々の社員が保有するスキルについて事業における需要度が高ければ一層のスキル向上を促す一方、事業における需要度が低いスキルの保有者にはスキル転換を促すのである。このように、スキルの価値を可視化し、事業戦略の決定や個々の社員の人材育成を支援している。

　ところで、社員が会社の必要とするスキルを意欲的に獲得するように促すには何が決め手になるだろうか。同社では、将来のキャリアへの展望が明確であることが、学習意欲につながると考えている。

　「新しい知識やスキルを学ぶことは、すなわち自分の将来に対する投資にほかなりません。将来のキャリアがきちんと描けていれば、それに向かって具体的な学習への意欲が湧くはずです」

　個々の社員が、将来のキャリアを自律的に描き、学びやスキル

開発を経て、これに至る過程を支援するためのツールが「Your Career at IBM」である。「Your Career at IBM」は、コグニティブ・コンピューティングを活用して、社員のキャリア開発を、管理職と社員の双方の視点で支援するプラットフォームだ。

　社員個々人に対して、「Your Career at IBM」は職務等のデータから保有スキルの一覧を推定し提示する。そして、その社員が保有する個々のスキルのレベルを、職務等の基本的な人事データ、イントラネット上の活動、認定されたスキル、目標管理における目標、研修の履歴などを基に推定し、社員に示す。社員は、「Your Career at IBM」の示す推定レベルを参考に、上司の意見も踏まえながら、自分のスキルレベルを最終的に確認するのである。「Your Career at IBM」は、このスキルレベルをベースとして、希望するキャリアパスに合った学習機会を提案する必要な研修の受講や、自分のスキルやキャリア志向にマッチした社内の仕事を提示してくれる。「『Your Career at IBM』は、その人に合ったキャリアプランを提示し、それを実現するために、次のステップとして『何にチャレンジしたらよいか』『どのような学習をしたらよいか』を提案してくれます。もちろん、その人のキャリアを決めてしまうわけではありません。あくまで、『Your Career at IBM』が推奨・提案したものをベースに上司と本人が一緒に検討する、キャリアに関する理解を深めていくためのツールです」

　一方、管理職に対しては、先述のとおり社員に関するデータやインサイトを提供し、また、SVFによるスキルの価値や社員のキャリア志向に照らして、社員のどのスキルをどのように伸ばしていけばよいのかを提示する。この提示は、社員と管理職が最低年1回、主題をキャリアに限定して面談する「キャリア・カンバセーション」で活用されている。キャリア・カンバセーションに際して、管理職は社員個々人のIBMでの活動状況を正確に知る必要があるため、

「Your Career at IBM」を確認することで、評価・勤続年数・職務等級の滞留年数などの基本的な人事情報はもちろんのこと、オープン・バッジ（後述）と呼ばれるスキル認定や研修履修の履歴情報なども確認できる。管理職の主観に頼るのではなく、客観的で網羅的な実績情報を基に、社員へより的確なアドバイスを行うことができる。

　また、同社では社員の典型的なキャリア・モデルを整備し、個々の社員が昇進するために、どの研修を受け、どのスキル認定を取得すればよいかという情報を的確に提供できるように進めている。その情報を基に、管理職からの直接の支援を受けたり、キャリア志向に沿った社内就業機会の提示を受けたりすることも可能となりつつある。

　「Your Career at IBM」の導入に伴い、データを基に、より納得度の高いキャリアプランをマネージャーと二人三脚で決定することができるようになった。さらに、「Your Career at IBM」の一歩進んだ活用として、上司に伝えることなく、社員本人の希望で積極的に社内の部門異動を実現できる、社内転職の仕組みも導入されている。

　「Your Career at IBM」に組み込まれた、社内でのジョブマッチングを図る機能や、従業員に合ったキャリアを個別に推奨し、そのための道筋を提案する機能は、リテンションの役割も果たしている。「会社の中でキャリアが見いだせないということが、従業員の一般的な離職理由の上位に挙げられますが、『Your Career at IBM』はキャリアの行き詰まりや悩みを解決する手助けをすることで、離職防止にも貢献しています」

（育成）「Your Learning」による育成の個別化
　同社における社員育成の柱の一つとなっているのが、オンライン

学習ツールの「Your Learning」だ。

「Your Learning」は、さまざまな研修コースを網羅しており、希望するコースを選択、受講できる仕組みになっている。それ自体は珍しくないが、現在の職務やスキル、学習履歴、昇進に必要な資格等を総合的に判断して、次に受講したほうがよい研修コースを推薦してくれる機能が特徴である。また、社員自身が学習コンテンツを「Your Learning」上に掲載し、自身の学びを他の社員へ共有することで、社員間で相互に教え合い、学び合うことも可能としている。

同社ではスキル管理の電子化も進んでいる。研修コースを修了したり、一定のスキルを修得したりすると「オープン・バッジ」と呼ばれる電子バッジが与えられ、それが自身の「Blue Pages」に表示される。「Blue Pages」とは全世界のIBMの社員一人ひとりの名前、メールアドレス、電話番号、経歴や手掛けたプロジェクト、持っている資格などをまとめた個人プロフィール掲示ツールで、イントラネット上で条件を入力すると、それに見合う社員を検索できる。専門家としての個々の社員を、全社に対して可視化している。

「グローバルでビジネスを展開する企業にとって、スキルを社内で共有し、必要に応じてマッチングを図ることは必須です。当社でも、『Blue Pages』に公開されている情報に基づいて、世界中から業務やアイデアに関する問い合わせが飛び交っています」

同社は、「Your Career at IBM」と「Your Learning」という、キャリア開発とスキル開発の両輪を回すことで、個々の社員が自律的に自分のキャリアを開発していくオーナーシップを育みながら、将来のキャリアに向かって必要なスキルを学習する意欲を喚起している。これによって、会社がこれからの事業に必要なスキルを保持し、社員がIBMで働くことへのエンゲージメントをより高めることが狙いだ。それぞれ別々に導入した「Your Career at IBM」と「Your Learning」であるが、キャリアとスキルの開発をより効果的かつシー

ムレスに実現できるよう、これらのプラットフォームの統合を進め
ているところである。

　「学習、スキル向上、スキル転換、キャリア向上を通して、社員自
身が自分の将来像や目標をIBMの中で実現できることを目指してい
るのです」

■「AIの活用」と「データのクラウド化」で
　10年後の人事部は大きく変わる

　これまで述べてきたように、コグニティブ・コンピューティング
を活用し、同社の人事は着実に進化している。

　「コグニティブ・コンピューティングを活用することで、勘や経験
に基づく判断が中心だった従来の人事が、データに基づく判断や提
案に確実に変わっていくと実感しています。当社の事業構造がクラ
ウドやアナリティクスへと大きく舵を切る中、過去の経験がそのま
までは活かしづらくなったことも、データを活用した人事への方向
転換に拍車を掛ける要因になったと思います。

　ただし、人間の勘や経験が役立たなくなったわけではありません。
コグニティブ・コンピューティングが提供するデータは、勘や経験
を裏付けたり、強化したり、あるいは方向性を少し修正してくれたり、
より迅速な判断を可能にしてくれたりする位置づけだと思います。

　また、コグニティブ・コンピューティングを使った自動化、例え
ばチャットボットによる問い合わせ対応などによって、作業時間を
短縮化、効率化できた結果、生産性が向上したことも実感しています」

　コクニティブ・コンピューティングを展開する同社の立場から、
人事の今後10年の変化を見通すと、「見える化」「個別化」がキーワー
ドになるという。

　「実務家の実感として、10年もしないうちに『人事』の仕事の焦
点は、従来の『公平な制度設計』や『効率的なプロセス』から『社

員のエンゲージメントを高めるような体験の提供』に大きくシフト
すると思います。これをドライブするのが、"人事の見える化" と "個
別最適化" であり、それを支えるコグニティブ・コンピューティン
グです。

　新しい世代の社員は自分のキャリアや評価を非常に意識しており、
自分は何をしたらこれらを向上できるのか、その明確化を求めてい
ます。何をインプットしたら望むアウトプットが得られるのかという
わけです。人間の判断は変数が多く、複雑で簡単に割り切れるもの
ではありませんが、新しい世代の社員は割り切れない説明にはなか
なか納得してくれません。

　そこで、人事制度は複雑で柔軟なものから簡素で明確なものへ、
いわば『見える化』を図る必要があります。簡素化・明確化が進めば、
人事のグローバル化を促進することができますし、また、ソフトウェ
アと人事制度の親和性が高まり、コグニティブ・コンピューティン
グを活用した個別最適なきめ細かい人事も可能となります。簡素で
明確な制度であれば、設計・改定は外注で済むかもしれませんし、
既製の人事ツールを使用すれば十分かもしれません。そうなれば、
企業の中に制度設計の専門家を置く必要はなくなるのではないでしょ
うか。

　人事プロセスや社員サービスも、コグニティブ・コンピューティ
ングを活用して一層の自動化、セルフ・サービス化が進みます。社
員は、普段の生活ではSNSによる双方向で即座に得られる反応や、
迅速で個別最適な電子商取引にすっかり慣れています。人事サービ
スに対しても同様の水準を期待し、自分に最適なものが即座に目の
前に見えることを望んでいます。コグニティブ・コンピューティン
グを活用した自動化、セルフ・サービス化は、こうした期待にマッ
チし、社員体験の質を高めることになります。

　さらに、今後一層重要になってくるのは経営層や管理職へのコン

サルテーションです。この分野においても、コグニティブ・コンピューティングの活用が大きな意義を持つことは、先に述べた当社の例でも明らかです。コグニティブ・コンピューティングは個別最適を実現するのが非常に得意なので、キャリア、学習、勤務管理や処遇など、あらゆる場面で個別最適な人事管理が進んでいくようになると思いますし、それを進めていくべきだとも考えます。いずれは労働契約も、それぞれのスキルに合わせて個別最適化するようになるかもしれません。そうなれば、集団的労働条件を設定する就業規則を前提とした日本的雇用の大きな変容につながります」

　では、このような変化にさらされた際に、人事に必要なスキルはどう変わるのだろうか。山口氏は、課題意識や課題解決のセンス、そしてデータでは測りきれない部分をすくい取る能力が求められるようになると語る。

　「人事で働く人がコグニティブ・コンピューティングの活用を視野に置いたとき、データそのものを分析するリテラシーにも増して、データを取り扱う前の課題意識や、データを使って課題を解決するためのセンスが重要です。10年後には、そのようなセンスの持ち主しか人事をしていないのではないでしょうか。

　また、データだけでは測りきれない人間の感情を理解したり、共感したりする『エモーショナル・インテリジェンス』も同じくらい重要になるでしょう。10年後には、制度の設計やプロセスの維持管理に長（た）けることよりも、エモーショナル・インテリジェンスを持つことが、人間が人事業務に携わることの重要な価値になると思います」

　データの正しい収集・分析・利用法

[1] 担当者が肝に銘じておくべきこと

　「百聞は一見に如かず」とは、人から何度も聞くより、一度実際に自分の目で見るほうが確かであり、よく分かるという意味である。

　中国前漢（紀元前206年〜紀元8年）の歴史書『漢書』に出てくる故事に由来する諺だが、この言葉は"人事の見える化"の本質を端的に表している。「百の言葉は一つの数字／データにしかず」——それだけ数字／データは効果がある、威力があるということだ。

　しかし、これは同時に間違った数字／データであっても100の言葉をはねのけ、100人の意見を退けることになりかねないことを意味していると悟るべきである。人事の見える化、データドリブン人事に取り組む人事担当者は、自らを律する意味を込めて「百聞は一見に如かず」という言葉を肝に銘じておくことが必要だ。

　ちなみに、誰が考えたのか、この諺の続きなるものがネット上で紹介されている。なかなかよくできているので、ここで紹介しておく。

百聞は一見に如かず（いくら聞いても、実際に見てみないと分からない）

百見は一考に如かず（いくら見ても、考えないと意味がない）

百考は一行に如かず（いくら考えても、行動しなければ意味がない）

百行は一果に如かず（いくら行動しても、成果が上がらなければ意味がない）

百果は一幸に如かず（いくら成果を上げても、幸せや喜びにつながらなければ意味がない）

百幸は一皇に如かず（自分だけでなく、みんなの幸せを考えることが大事である）

　データドリブン人事に取り組む担当者は、これもまた肝に銘じておきたいものだ。

以下では、データの正しい収集法、分析法、利用法についてまとめてみた。

[2] 正しいデータの収集法

(1)データ収集の目的を明確化する

「タレントマネジメントシステムは世の中にかなり普及するようになりましたが、ほぼ機能していないという残念な状況になっています」

こう話すのはパーソル総合研究所の佐々木聡氏。

「便利なツールということで飛びついたのはよいのですが、ツールとしての使い方が人事担当者も分かっていない企業が非常に多い」(佐々木氏)

ツールの使い方が分からないというのは、より具体的にいうならば、そもそもそのツールを使って何をしたいのか（アウトプット）が分からないし、そのためどういうデータを収集すればいいのか（インプット）が分かっていない企業が多いということだ。何でもかんでもデータを集めてツールにインプットすれば、何かしらアウトプットが得られるだろうという雑な取り組みをしている企業が少なからずあるということである。

例えば「組織を活性化して、良い組織をつくりたい」という理由で、タレントマネジメントシステムを導入したとする。この場合、何をしたいのかははっきりしているように思えるかもしれないが、「良い組織」というのは業種業態によって、企業規模によって、また成長期にあるのか安定期にあるのか、その会社が置かれた環境や企業の成長ステージ等によって大きく異なる。「良い組織」というだけではあまりに漠然としていて、何をしたいのかが分からないのに等しい。

「良い組織」をきちんと定義づけることが目的をクリアにすることであり、きちんと定義づけることができれば、何をもって「良い組織」と判断するかの軸が可視化され、ほぼ自動的に集めるべきデータが分かってくるというもの。

「HRテクノロジーを使って何をしたいのか、5年先、10年先のビジネス環境の変化を見通し、経営戦略に沿った組織のあるべき姿を描きながらシステムの全体設計をする。それこそが戦略人事のあるべき姿です」（佐々木氏）

(2)収集するデータの精度をそろえる

データの精度をそろえるとは、逆の言い方をすればデータのバラつきをなくすということにほかならない。これがなかなか大変で、一筋縄でいかないことが多い。

タレントマネジメントシステムの構築を例に考えてみよう。タレントマネジメントシステムを構築する際に、まず取り組まなければいけないのがタレントの探索だ。社内のどこにどういうタレントがいるかを把握しなければならない。

タレントの探索方法は、①過去の人事記録、②自己申告制度、③社員を対象にしたサーベイ（アンケート調査や聞き取り調査）の三つが考えられる。

経歴、評価、賞罰、スキル、特性等々の人事記録は、それ自体にバラつきがないと思いがちだが、必ずしもそうではない。

例えば、10年前に人事制度の大幅改定を行ったという事実があった場合には、改定前と改定後の人事記録を擦り合わせ、必要に応じて記録そのものを書き換えなければ、公正を欠くようなケースも出てくる。改定前はS・A・B・C・D・Eの6段階評価だったものが、改定後はA・B・C・D・Eの5段階評価に変わったとすれば、これをそのまま入力したらデータにバラつきが生じるのは明らかというものだ。このように、改定前と改定後の評価の擦り合わせがかなり厄介であることは容易に想像できる。

自己申告制度や社員を対象にしたサーベイは、往々にしてバラつきが生じやすい。社員一人ひとりの主観や性格、さらにはその時点での担当する業務や仕事内容などによって回答が左右されやすいからだ。例えば、

2〜3週間の語学研修に参加しただけで「海外留学経験あり」と申告する社員や、1カ月程度海外出張しただけで「海外勤務経験あり」と申告する社員がいるかと思えば、人に誇れる経歴・特技・技術・技能・業績があるにもかかわらず、それを申告しない社員もいたりする。自己評価が厳しい開発設計者などに多く見られる傾向だ。

　過剰申告、過少申告が少なからず紛れ込んでいるため、タレントマネジメントを検討する際は「入力されたデータの精度をそろえるのが一番難しい」という人事担当者の話を聞いたことがある。

　自己申告制度やサーベイで得られるデータの精度をそろえるための大前提は透明性の確保——すなわちデータ収集の目的、利用法を明らかにすることだ。特に重要なのは収集したデータを異動や昇格の際の判断材料に使うかどうかを明確にすることである。

　自己申告した内容やサーベイの回答が、異動や昇格の判断材料に使われることになれば、社員はどうしても身構えてしまう。上司受け、会社受けする申告や回答をすることに腐心し、不利になりそうな申告や回答は避けようとするのが人情というものだ。

　かといって、異動や昇格の判断材料には使わないことにすると、せっかく収集したデータを活用しづらくなる。例えば、新規プロジェクトのリーダーを人選するようなケースで、タレントマネジメントシステムを使った候補者のピックアップがしづらくなってしまう。

　必要とするデータの中身をよく吟味して、その都度異動や昇格の判断材料にするか否かを決めて明示するといったきめ細かい対応が必要になってくる。

　サーベイの場合には、透明性を確保すると同時に設問ごとに客観的に自己評価ができる基準を設けることが望ましい。例えば、海外勤務の経験について問う場合は、「最低1年以上の勤務経験があること」といったように明確な基準を設けることで過大評価や過小評価を防ぐことができる。

(3)アンコンシャス・バイアスの排除

バイアス（bias／偏り・偏向）は、データと科学に裏付けられた人事の見える化を推進する上で最も気をつけなければならないポイントの一つだ。

バイアスの排除は見える化のさまざまな段階で重要になるが、データを収集する際のバイアスには以下のようなケースがある。

コンピテンシー評価を導入するに当たって、社内のハイスペックな社員のデータを収集・分析する場合、特に意図したわけではなくても、結果的にハイスペックな社員が男性社員ばかりということはあり得る。しかし、これはそもそもの人事制度に男女を差別するバイアスがかかっていた結果と言わざるを得ない。

性別以外でも、学歴、年齢、あるいは転勤の可否などと紐付いたデータは同様にバイアスがかかっている。

そういう要素を取り除くデータ収集法の設計、あるいはそういうバイアスを解消するような要素を加味するデータ収集法の設計が大切であり、実際、先進的な企業ではそのような取り組みを行っている。

バイアスを排除したタレントデータベースが構築できれば、性別や年齢、国籍、経歴等に関係なく、一人ひとりが持っている才能やスキルを客観的に評価する人事が可能になり、ダイバーシティ人事、ダイバーシティ経営が実現する。

---

[3] データを分析する際の注意点

---

(1)AIの学習内容の透明化

収集したデータをAIに読み込ませて学習させ、分析させる。今後は人事においてもこのような形でAIを活用するケースが増えてくる。その際に求められるのが学習用データの透明化だ。どのようなデータを入力してAIに学習させたのかを明確にする。学習内容がブラックボックス化し

てしまうと、AIによって導き出された結論が現場の人たちの腑に落ちない。場合によっては、不信感を抱かれかねない。

(2)データ分析は専門家の領分

　日揮ホールディングスの花田琢也氏が、経営統括本部人財・組織開発部長に就任直後に1000人規模の社員を対象にアンケート調査を行い、アメリカの産業心理学者デビッド・メリルが提唱したコミュニケーション理論（ソーシャルスタイル理論）に従って「感情開放度」の高低を縦軸、「思考開放度」の高低を横軸に、社員を四つのスタイルに分類したことは既に記したとおりだ（69ページ参照）。

　花田氏はこのアンケート結果の基本的な取りまとめを外部のコンサルタント会社に頼み、その上で自社のデータサイエンティストに頼んで社員一人ひとりのソーシャルスタイル分けを行った。データ分析に不慣れな人事担当者に任せるのではなく、必要に応じて専門家を活用したわけだ。

　「基本的なデータの取りまとめは、そういうことが専門のコンサルタントに頼みました。社員一人ひとりを四つのソーシャルスタイルに分類する作業は、社内のデータサイエンティストに任せました。正式な人事発令はしませんでしたが、人事部に席を用意して、そこで作業してもらいました。人事データは表に出せないものがたくさんありますので」（花田氏）

　「データサイエンティスト」とは、情報科学、統計学、その他の知識やツールを用いて膨大なデータを整理・分析し、その結果を基に課題解決の道筋を明らかにする仕事。高度かつ幅広い専門知識が求められる専門職だ。

　よく似た職業に「データアナリスト」がある。こちらもデータ分析の専門職だ。両者の仕事範囲は重複する領域も多く、よく混同されるが、あえていうならばデータサイエンティストはどちらかというとアカデミズム寄り、データアナリストはビジネス寄りといってもいいかもしれない。

　今後、HRテクノロジーの導入が急速に進み、データドリブン人事が一般化することは間違いない。10年後には確実にそういう時代になっている。

そうなったときには人事担当者にもデータサイエンティスト／データアナリスト的資質が求められるようになると指摘する人事の専門家も少なくない。しかし、人事担当者にデータサイエンティスト／データアナリストを兼ねさせることは現実的とはいえない。専門領域があまりに違いすぎるからだ。

　日揮ホールディングスの花田氏がそうしたように、社内にデータサイエンティストがいるのであればその力を借りるとか、社内にいなければ社外の専門家、専門会社に依頼するなどしてデータを正しく分析し、課題解決の正しい道筋を得られるようにすべきだろう。

［4］データの分析結果を利用する際の注意点—データに頼りすぎない

　データの分析結果を利用する際に注意すべきことはただ一つ「データに頼りすぎないことだ」と人事の専門家は口をそろえる。

(1)学習院大学経済学部経営学科教授　守島基博氏

　「AIを含めたHRテクノロジーが導き出してくれるのはオプション——選択肢であって、最終的に『これがいいです！』とは言ってくれません。いくつかの選択肢から最終的に答えを選ぶのは人間の役割です。ビジョン、理念、あるいはリスクなどを考慮して人間が最終的に選ぶことになります。

　例えば、あるポストの適任者を選ぶ場合、人事データベースに条件を入力して5人の候補を選ぶよう指示すれば、機械は適任者を5人選んでくれます。その5人の中から最終的に誰を選ぶかの意思決定をするのは人事の仕事であり、現場の仕事であり、場合によっては経営の仕事です。

　データ処理の部分は全部機械に任せ、最終的な意思決定の部分は人事や経営者が行う。最終場面では当然感情が入ってきます。個人的な好き嫌いもあるでしょうし、この人に賭けてみようという熱い思いとか、この

人ならばやってくれるだろうという勘とか、テクノロジーが進めば進むほど、最終的にはそういう人間的な判断が重要になってきます。

　特に評価に関わる場合は慎重を期さなければなりません。リモートワークやグローバル化などによって社員が分散して仕事をするようになると、マネジャーの目が届きにくくなる分だけ機械に頼った情報収集、情報処理をせざるを得なくなります。その意味で、これからはAI評価的なものが多くならざるを得ませんが、最後は機械任せにしないことが大事です。

　『機械が評価したのだから間違うはずがない、きちんとしたデータに基づいているのだから正しいに決まっている』という対応は、少なくとも今のAIのレベルでは無理があるので、しばらくは最終的な評価は人間が下すべきです。機械が導き出した情報を基に、人材的にどうか、ビジネス的にどうかということを議論して最終的な結論を導き出すのが人事の重要な仕事になってきます」

(2)株式会社people first　代表取締役　八木洋介氏

　「HRテクノロジーは大いに活用すべきです。データで分かること、科学で分かることを活用しなければ、これからの企業競争に勝ち残ることはできません。

　しかし、過度に頼りすぎてもいけません。機械学習やディープラーニングが進んでAIが今後どれだけ進化するかにもよりますが、今のところ限られた処理能力しかないAIは、人の手を借りずに現実に起こり得る問題すべてに対処することはできないというフレーム問題※を抱えています。AI任せにできる時代が来るのはまだまだ先のことです。

　AIの能力の限界ということもさることながら、データドリブン人事を推進していく上で気をつけなければいけないのは、データは万能ではないということです。データというのは常に過去のものなのであって新しいものは生み出さない。そこには制約があるということを理解して使っていくことが大事です。

例えば、採用した人の中で誰が活躍するか、成功するかということは、適切なデータ、適切なプロファイリングによってかなり高い確率で予想することができます。そういうものを活用しなければ、これからの競争には勝てません。しかし、多くの企業が重視している創造性までは今のAIでは的確に判断するのは難しい。また、1人の社員が活躍できるか、成功できるかは、リーダーや同僚との組み合わせ、人間関係にも大きく左右されますが、それらをすべてデータ化することはまず無理なので、そういう点は人事がきちんと判断することが必要になります」

※フレーム問題：「限られた処理能力しかない人工知能は、現実に起こり得る問題すべてに対処することはできない」というもので、1969年に人工知能の父と呼ばれる科学者ジョン・マッカーシーとパトリック・ヘイズによって提唱された概念。1984年に哲学者であり認知科学研究の第一人者であるダニエル・C・デネットが「爆弾とロボット（AI搭載）」の例を用いてフレーム問題を解説した。

　データの収集、分析、利用の3段階に分けて注意点を列挙したが、最後にもう一つ大事なことを挙げておく。データを活用した人事の見える化・戦略化を実践する上で、何よりも重視すべきは「社員を管理するための道具として、それらを使わないこと」だ。

　そういう発想でさまざまなデータ、HRテクノロジー、AIなどを使うと、オートメーション化で人間が機械の一部のようになった姿を描いたチャーリー・チャップリンの映画『モダン・タイムス』（1936年制作）の現代版のような状況になってしまうと経営者は心すべきだ。

　管理するためのツールとして使うのではなく、社員一人ひとりが自分に合った働き方ができるようにするため、より快適な職場環境を整備するために使うことこそが基本方針になるべきだということを忘れてはならない。

ソフトバンク株式会社

ITとAIを駆使して世界をリードする人事部を目指す

■Watsonに新卒採用のエントリーシートデータを入力

　ソフトバンクが、新卒採用選考のエントリーシート評価にAI（Watson）を活用すると発表したのは2017年5月29日のこと。この日配信されたプレスリリースには以下のように記されている。

> ソフトバンク株式会社は、応募者をより客観的に、また適正に評価することを目的に、2017年5月29日より新卒採用選考のエントリーシート評価にIBM Watson日本語版（以下「IBM Watson」）を活用します。
> 過去のデータを学習させたIBM Watsonに応募者のエントリーシートデータを読み込ませると、IBM WatsonのAPIの一つであるNLC（Natural Language Classifier、自然言語分類）により、エントリーシートの内容が認識され、項目ごとに評価が提示されます。合格基準を満たす評価が提示された項目については、選考通過とし、それ以外の項目については人事担当者が内容を確認し、合否の最終判断を行います。IBM Watsonによる評価をエントリーシート選考の合否判断に活用することで、統一された評価軸でのより公平な選考を目指します。

　プレスリリースにも記してあるとおり、Watsonにエントリーシートの判定をさせるためには過去のエントリーシートデータを読み込ませて、学習させる必要がある。それ自体は単純な作業のようにも思えるが、事はそう簡単ではなかった。

　「私たちは人事の人間であって、AIのスペシャリストではないので、初めのころは試行錯誤の連続でした。例えば、当初はたくさんデー

タを読み込ませれば判定精度が上がるはずだと思っていたのですが、それだけではなかなかうまくいかなかったりしました」（人事本部採用・人材開発統括部 人材採用部採用企画課長兼未来実現推進室担当課長 中村彰太氏）

　最初は膨大な数の合否判定済みのエントリーシートを読み込ませた。その上で合否判定結果を伏したエントリーシートを読み込ませ、それをWatsonが面接官と同じように判定するかどうかを検証した。結果、合否の合致率は期待を裏切るものだった。そのため、入力したすべてのデータを白紙に戻した上で、エントリーシートデータを精査して千数百件に絞り込み、それを新たに読み込ませてWatsonの学習をやり直した。

　「複数人で評価していることによる目線のズレがあるのではという仮説を置き、経験豊富な採用担当者のエントリーシートに絞り込むとか、ITの世界は言葉の移り変わりが激しくて、5年前だとAIとかIoTなどについて書いている学生はほとんどいませんので、できるだけ最近のエントリーシートに絞り込むというような地道な作業を行いました。そういった試行錯誤の過程が一番大変でした」（中村氏）

　結果として、人間に置き換えても問題ないと判断するに値する合致率を実現することができたため、エントリーシート評価にWatsonを導入することになった。

■AI導入でエントリーシートの評価作業が75%減

　Watsonが判定するのは、新卒総合職用エントリーシートの記述式の設問二つ。ソフトバンクの普遍的な行動規範を定めた五つのバリュー（『No.1』『挑戦』『逆算』『スピード』『執念』）のうち、応募者自身の強みに合致するものは何か、その強みを発揮した具体的なエピソードについて400字以上で作文したものが一つ。もう一つが30年後に世界の人々に最も必要とされるテクノロジーやサービスは

何か、その実現のためにソフトバンクでどのような挑戦をしたいかを400字以上で作文したもの。これらが判定の対象となる。

これ以外の要素、例えば出身大学や性別などはWatsonには一切入力しない。いわゆる学歴フィルターや性別フィルターなどは存在しないということだ。

Watsonが合格と評価した応募者は、SPI（適性検査）を経て面接に進むことになる。不合格と評価した場合は、そのエントリーシートを採用担当者が改めて評価し直すようにしている。

「採用担当者の目線ですべて読み直し、微妙なラインにあるものを拾い上げるようにしています。詳しいことは言えないのですが、評価が覆るのは100件のうち数件あるくらいの感じです」（中村氏）

不合格になったエントリーシートの読み直しを含めても、採用担当者がエントリーシートの評価作業に充てる時間は約75％も減らすことができたというから、合理化効果は絶大だ。

「送られてくるエントリーシートはピーク時には月数千件にも上り、以前はそれを採用担当者が手分けしてすべて熟読し、評価するという作業をしていました。AIの導入によって、それに費やす時間を約75％も削減することができたので、採用担当者は大助かりです」（中村氏）

約75％の時間削減は、採用担当者全体で年間約1000時間以上もの時間削減に相当するという。その時間を応募者とのコミュニケーションや、面接内容の充実に充てたり、翌年度の採用戦略を練る時間に充てることができるなど、時間削減効果のメリットは計り知れない。

また、AIを導入する前は、採用担当者に対して評価基準やレベル感を合わせるための教育をしていたものの、採用担当者間のバラつきを完全に取り除くことは難しかったが、AIの導入によってより統一された評価軸で公平な選考ができるようになった利点も大きい、と中村氏は言う。

■2015年、未来の人事総務部門を作るプロジェクト始動

　ソフトバンクは“300年成長し続ける企業体”を目指すソフトバンクグループの中核会社であり、携帯電話などの移動通信サービスやインターネット接続サービスの提供、iPhoneをはじめとする携帯端末の販売等を行っている。ここ数年、同社は他社に先駆けてAIなどを活用した働き方改革に取り組んでいることで知られる。

　創業者である孫正義取締役会長（ソフトバンクグループ株式会社代表取締役会長兼社長／グループ代表）がシンギュラリティ（AIが人間の知能を超える技術的特異点）の到来を予見、確信していることが、すべての取り組みの発端になっている。

　シンギュラリティの到来を見越した同社が、米IBMが開発した『Watson』の日本での開発ならびに市場導入に関して、日本アイ・ビー・エムとの間で戦略的提携関係を結んだのは2015年2月のこと。これ以降、ソフトバンク社内でAIを活用した働き方改革が具体的に進んでいくことになる。

　「“未来の人事総務部門を作る”をキーワードにして、新しいテクノロジーを使うことで人事や総務、法務、CSRなどのバックオフィス業務がどう変わるのか、どう変えていきたいかということを考えるために、主に若手社員中心のメンバーで発足したのが未来創造プロジェクトです」（人事本部戦略企画統括部　人材戦略部長兼未来実現推進室長　井上允之氏）

　同プロジェクトを通して、効率化と価値創造の二つの観点から、ITに関する質問や相談窓口のAI化、契約書に関する法務相談のAI化、人事総務系の貸与物の受け渡しなどの一元化を図るためのAI化等、さまざまな提案がなされた。

　2016年に入ると、宮内謙代表取締役社長兼CEO（当時）が新たな働き方のスローガン『Smart & Fun!』を提唱し、ITやAIを駆

使した全社を挙げての業務改善・業務改革の取り組みがスタートする。ITの活用やメリハリをつけた働き方によりスマートかつ楽しく働き、創出された時間をよりクリエイティブな仕事や自己成長に充ててしっかりとアウトプットを出す——それがすなわち『Smart & Fun!』である。

同じく2016年、「未来創造プロジェクト」を進化させ、若手メンバーを中心にした『未来探索室』が人事総務統括の中に設置される。ITやAIの導入によって、人事や総務などのバックオフィスの働き方が今後どう変わっていくのかを探索する、すなわち革新的なバックオフィスの将来像を描くのが『未来探索室』に与えられたテーマである。

1年後の2017年4月、『未来探索室』がバックオフィス各部署とともに描き出した将来像＝ビジョンが社内で発表された。

「未来探索室として発表するのではなく、人事、総務、法務等の各組織のトップが、自分の組織の社員に向けてビジョンを発表し、目指すべき方向性を明確に伝えるという形をとりました。個別具体的なビジョンや資料は社外に公表していませんが、目指すところは非常にシンプルで、一言で言うならば"世界をリードするバックオフィスになる"ということです。人事について言えば、"世界をリードする人事になる"ということになります」（井上氏）

未来探索室が描いたビジョンを実現するため、2017年6月には『未来実現推進室』が誕生し、井上氏が初代室長に就任する。メンバーは総勢15名。人事、総務、法務、CSR、SBアットワーク（ソフトバンクの人事部門が分社独立し、人事・労務・安全衛生等の各種サービスを展開している会社）などで働く社員たちが兼務している。

ちなみに、人事本部には名前がよく似た『未来人材推進室』という組織がある。世の中の多様な人材と広くつながることを目的にした組織で、具体的には、孫正義会長の後継者を発掘・育成する『ソフトバンクアカデミア』や、社内起業制度である『ソフトバンクイ

ノベンチャー』などを所管する組織である。

■未来探索チームと将来像検討チーム

　未来実現推進室には二つのチームがある。未来探索室の流れをく
む「未来探索チーム」と、より具体的に業務の将来像を描くのと同
時にその実現を目指す「将来像検討チーム」である。

　総勢15名のメンバーのうち、未来探索チームのメンバーはバック
オフィス内の公募によって、将来像検討チームのメンバーは指名で
集められた。全員が兼務であり、当然のことながら本業が優先され
るので、未来探索チームや将来像検討チームに割く時間は「平均し
て10%」（井上氏）だという。

　わずか10%の兼務でも二つのチームがそれぞれきちんと機能して
いるのは、本業とチームの業務が密接にリンクしているからだ。将
来像検討チームのメンバーである中村氏は次のように言う。

　「普段は100%採用の仕事をしていますが、本業の採用のほうでも
HRテックの導入であるとかAIの活用といった検討をしていますので、
その情報を将来像検討チームとシェアし、将来像検討チームの情報
をまた本業のほうでシェアし、両者の橋渡しをしながら両方同時に
進めていくようなイメージでやっています」（中村氏）

　中村氏の発言を、井上氏が次のように補足する。

　「未来実現推進室がすべてをやるということは考えていなくて、バッ
クオフィス各部署と緊密に連携を取り、情報をシェアしながら、個
別具体的な動きについては各部署がきっちりと進めていくことを基
本にしています。例えば、採用に関しては採用企画課が独自にさま
ざまな施策を進めていますので、未来実現推進室はそれをより加速
させるための組織という位置づけだと考えてもらうと分かりやすいと
思います」

　未来実現推進室の2チームがきちんと機能している理由はもう一

つある。それは未来実現推進室が実質的に役員直下の位置づけになっているということだ。井上室長の未来実現推進室としての上司は、CHRO（最高人事責任者）の青野史寛専務執行役員である。

「青野をはじめ人事、総務などの責任者も含めたステコミ（ステアリングコミッティ＝プロジェクトの運営を行う運営委員会のこと）を置いていますので、そこでOKがもらえれば2チームで発案したことは基本的に計画どおりに進めることができます。非常にスピーディーに物事を進めることができる体制になっています。トップの方針や意見を直接聞くこともできますので、ステコミは非常に役立っています」（井上氏）

未来実現推進室が設置されて1年目の2018年5月、同室主催による『BO（バックオフィス）－Techフェス』が社内で開催された。人事、総務、法務など各部署が、それぞれテクノロジーを導入してどのような改革に取り組んでいるかをプレゼンテーションするイベントである。人事からは採用におけるVR利用、残業日報のRPA化、総務からは支払い処理のRPA化、決裁情報集計・分析のRPA化、さらにはユニークな『トイレIoT』等のプレゼンテーションが相次いだ。『トイレIoT』とは、IoTセンサーを用いて個室の空き状況をスマホなどからリアルタイムで確認できるようにしたものである。このシステムのおかげで、トイレの個室前に並んで順番待ちすることが基本的にはなくなった。

「社内でRPA化の取り組みが本格化したのは2年ほど前からです。定型的な業務のRPA化についてはすべての部署が検討していますし、課長レベルの判断で実際にRPA化を進めています。そういう意味では、RPA化の推進に関しては日本でも先進的な企業だと自負しています」（井上氏）

■シンギュラリティ到来を前提に人事も準備が必要

"世界をリードするバックオフィスになる"という目標も、それを実現するための取り組みも、すべては来るべきシンギュラリティに向けての準備だということができる。

ちなみに、シンギュラリティという概念を広めたヴァーナー・ヴィンジ（アメリカの数学者・SF作家）は2030年前にはシンギュラリティが起きると予想している。また、人工知能の世界的権威レイ・カーツワイル（アメリカの発明家・未来学者）は2005年に出版した本の中では2045年ごろの実現を予想していたが、2017年のインタビューでは2029年に起きる可能性を示唆している。10年後にはAIが人間と同等以上の知能を持つ時代がやってくるということだ。

「5年後なのか10年後なのか分かりませんが、近い将来シンギュラリティが必ず起きて世の中が劇的に変わる、われわれ人事の仕事も大きく変わるという確信に基づいて、その時に備えて今から準備しているということです。

人事の仕事は採用にしても異動、昇格にしても、勘や感覚、経験で何となく決めているアナログの部分が非常に多い。シンギュラリティが起きたからといって、それが100％デジタルに置き換わることはないかもしれませんが、99％変わる可能性があることを想定して、われわれは準備していかなければいけないと思っています」（井上氏）

人事業務の99％がデジタル化するようなことになれば、当然のことながら人事に求められる役割も変わってくる。

「これまで人事は労務管理のプロフェッショナルとしての役割が期待されていましたが、これからは経営改革の基点となる戦略人事としての役割が求められるようになると思います。経営のニーズに沿った人事戦略を立てて、その戦略を実行していく。そうしなければ人事の価値がどんどんなくなっていくのではないかと感じています」（井上氏）

『GEPPO』自分の気持ちを"天気マーク"で見える化する

■三つの質問＋フリーコメントで適材適所を図る

　データ収集には大きく二つの目的がある。一つは過去のデータを収集・分析して新たなシステムづくり、新たな制度づくりに役立てたり、評価や異動などの際の判断材料に使う。もう一つは日々変化するデータを取り続けることで現状を分析し、タイムリーで的確な対策を講じたり、生産性の向上を図ったりするもの。前者は対策型のデータ収集・分析、後者は予防型のデータ収集・分析といってもいいかもしれない。

　予防型データ収集・分析のために独自の工夫をこらしている企業が少なくない。サイバーエージェントが独自開発した『GEPPO』もその一例だ。

　『GEPPO』（ゲッポー≒ゲッポウ／月報）は、適材適所を図るためにサイバーエージェントが独自開発したアンケートツール。社員のコンディションやスキル、キャリア志向、抱えている問題などについて毎月アンケート回収するシステムで、その結果を分析することで埋もれているタレントを発掘したり、職場におけるミスマッチを改善するなどして全社的な適材適所を図るために開発されたツールだ。2013年から社内で使われている。

　『GEPPO』は回答が必須の三つの質問と、任意のフリーコメント欄からなっている。必須の三つの質問のうち2問は毎回同じ内容で、以下について回答することが求められている。

> Q1　先月のあなたの成果やパフォーマンスはいかがでしたか？
> Q2　あなたのチームの今のコンディションを教えてください

"チームのコンディション"は、人によってはチーム内の雰囲気や人間関係だと考える人もいれば、チームのパフォーマンスのことだと受け止める人もいる。あえてちょっと含みのある、いろいろな解釈ができる聞き方をしているのだという。

残るもう1問の内容は毎月変わる。同社人事本部人材開発部人材開発センター・向坂真弓氏（所属は取材当時）が見せてくれたパソコンの画面には、以下のような質問が記されていた。

Q3　業務を進める上で周囲と良好な関係を築けていますか？

「3問目は、毎月いろいろと切り口を変えるように工夫しています。同時に社員が気持ちよく答えられるように、前向きで建設的な質問文を心掛けています」

ユニークなのは、いずれの質問に対しても「天気マーク」で答えるようになっている点だ［図表1］。「快晴・晴れ・曇り・雨・大雨」の5段階の中から、自分の気持ちに一番ピッタリの天気マークをクリックする仕組み。「非常によい・よい・普通・悪い・非常に悪い」の5段階から答えさせるよりも、天気マークのほうが自分の気持ちを楽

[図表1]『GEPPO』の画面（一部）

必須　先月のあなたの成果やパフォーマンスはいかがでしたか？天気でお答えください。
成果やパフォーマンスとは、仕事のアウトプットや業績などを指します。
（体調面ではありません）

［注］　上の画面は同社の社内用。外販用の『Geppo』（提供：株式会社ヒューマンキャピタルテクノロジー）は、仕事満足度、人間関係、健康に関する三つの質問で固定。

に表現できるメリットがあると同時に、社員のパフォーマンスやチームのコンディションを可視化することで問題点を瞬時に把握できるメリットがある。

例えば、ずっと晴れマークが付いていた「個人のパフォーマンス」が急に雨マークに変わったら、何らかの理由によるモチベーションの低下、仕事上のトラブル、健康上の問題などが疑われる。「個人のパフォーマンス」は晴れマークなのに、「チームのコンディション」が雨マークだった場合にはチームそのものに、あるいはチームと個人の間に何らかの問題があることが容易に推察できる。そして、同じチームの他の社員も多くが「チームのコンディション」に雨マークを付けていればチームの問題だということが分かるし、他の社員が誰も雨マークを付けていなければ、それが個人的な問題だと見極めることもできる。

「『GEPPO』の集計を私が担当しているのですが、1回のアンケート結果だけを切り取って分析するのではなく、天気マークの変化やズレを注視しています。社員一人ひとりを分析することもできますし、チーム単位で分析することもできます」

ちなみに、新卒入社者の場合は、入社後半年間は自己評価だけでなくトレーナーによる評価も『GEPPO』を使って行っている。自己評価とトレーナーの評価の一致・不一致を分析することで、適材適所の人材配置に役立てているのである。

■『GEPPO』キーワードのタグ付けで人材発掘・選抜が可能に

任意のフリーコメント欄は二つ用意されている ［図表2］。三つの質問への回答を踏まえてその理由を記入する欄と、会社や人事に伝えたいことを自由に記入する欄だ。このフリーコメント欄を読むのはキャリアエージェントの役目。キャリアエージェントとは社員との面談や事業責任者とのヒアリングなどを通して適材適所の異動や

[図表2]『GEPPO』のフリーコメント欄(イメージ)

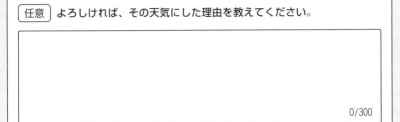

任意 よろしければ、その天気にした理由を教えてください。

0/300

任意 その他、伝えたいことなどあればご自由にご記入ください。

現在はスタッフ部門におりますが、クリエイティブにチャレンジしたいです。

35/500

抜擢などを行う実行部隊だ。キャリアエージェントのスタッフが手分けしてすべてのフリーコメントに目を通し、必要に応じて記入者本人に返信したり、面談したりといったフォローを行っている。

　フリーコメント欄への記入は毎月2〜3割程度(時には5割程度になる)というが、適材適所を図る上で、また人材を発掘・選抜する上で大いに役立っている。

　その他の『GEPPO』の特徴は以下のとおり。

▼『GEPPO』の返信機能を使って、記入者本人に「コメント、読みました。ありがとうございました。頑張ってくださいね」などといったメッセージを送ることができる。一方的に社員の声を吸い上げるシステムではなく、人事と本人とのコミュニケーションツールとしても使うことが可能だ。コミュニケーションを取ることが、毎月『GEPPO』のアンケートに答えるモチベーションにもなっている

▼『GEPPO』の返信機能を使って、必要に応じて記入者本人との面談をセッティングすることなどもできる。それによって個人やチームが抱えている課題を迅速かつ効率的に解決することができる

▼フリーコメント欄のコメントをタグ付けする機能があり、タグ付けすることで人材の発掘・選抜といったタレントマネジメントを『GEPPO』で行うことが可能

「例えば、かつて『GEPPO』で趣味について尋ねたことがあるのですが、そのときに"釣り"と答えた社員がいたら、"釣り"をタグ付けしておいて、釣りに関する新規のコンテンツ事業が立ち上がったときに、その社員を担当者として推薦するといった使い方ができます。同じように、"将来は事業責任者をやってみたい"と書いた人がいたら、"事業責任者候補"というタグを付けて、事業責任者が必要になったときに候補者の1人としてその社員がピックアップできるようになっています」

　タグ付けによるタレントマネジメントだけでなく、『GEPPO』のデータと他のデータ——例えば、採用データや勤怠データ、査定データ等と組み合わせることで、さまざまな分析結果を得ることができる。採用データと組み合わせれば、将来のハイパフォーマーをより的確に選別できるようになる。勤怠データと組み合わせれば、個人のモチベーションや働き方と組織成果の乖離の有無を読み取ることができるといった具合だ。

　「多面的な分析を可能にするため、社員一人ひとりの配属履歴やパフォーマンス、上司による評価や周囲の評判など、それぞれバラバラに存在していた人事データを整理、統合した人事データベースを構築しました。データベースのおかげで、さまざまなデータを組み合わせた多面的で精度の高い分析ができるようになりました」

■経営に役立つ科学、血の通った科学を目指す

　『GEPPO』の対象は、従来はサイバーエージェントに所属する正社員約2500人のみだったが、2018年7月からはグループ会社も含めた正社員、契約社員まで約5000人に拡大した。チームのコンディションを分析するようになると、チームメンバーの半数以上が子会社の社員などのケースがあり、拡大する必要が出たのだ。対象者が『GEPPO』を記入するのは毎月初め。1営業日目で5割、3営業日目までに8割ほど、1週間でほぼ回答が出そろう。毎月のアンケート回収率は98～99％と極めて高い。

　「随時、社内報などを使って適材適所のためのアンケートだということを浸透させる努力をしています。また、『GEPPO』が未記入の人には、毎日のようにメールでアラートを飛ばすようにしています」

　『GEPPO』で集められたアンケートの分析結果は、各種のソフトウェアを使って見やすくマッピングや可視化し、最終的にレポートにまとめ、役員会に提出する。結果はキャリアエージェントと役員のみで共有することとなっており、各部署や社員には開示していない。

　「役員会でも人事や組織は主要なテーマの一つですので、かなりの時間を割いて活発な議論が交わされます。その際に役立つ情報をより多く提出することを心掛けています。役員からは"人事の意図を盛り込まないそのままの結果を出してほしい"と言われています。これを役員は熱い思いで読んでくれます。トップも結構内容を見ていて、フリーコメントのタグ付け情報などを検索して、人選をするなどしています。意欲ある人が検索で拾われるわけですから、社員も"書くとよいことがある"という認識になり、きちんと記入してくれます」

　役員会で議論されたこと、決定されたことを各役員が担当事業部門に持ち帰り、事業の責任者や事業部の人事と連携して現場の課題を解決するというループが理想だ。さまざまな人事データを一元管

理できるデータベースのさらなる充実に努め、各種データを駆使して科学的な分析を行い、それが経営判断に生かされ、人事や組織の課題解決につながる。人材科学センターが目指しているのはまさにこのループであり、このPDCAである。

「人事や組織は経営に直結した重要な課題なので、そういう意味では人材科学センターを含めた人事の役割はとても重く、自分たちが経営の一端を担っているというくらいの意識を持って取り組まなければいけないと強く思っています」

ちなみに、サイバーエージェントは2017年7月にリクルートとの合弁で株式会社ヒューマンキャピタルテクノロジーを設立、『GEPPO』の事業化に乗り出している。同年発表された日本の人事部の『HRアワード2017』で、ヒューマンキャピタルテクノロジーは『Geppo』によって人事労務管理部門の優秀賞を受賞している。

4 人事の科学化・アカデミック化

データドリブン人事、人事の見える化の流れを受けて、にわかに注目を集めているのが「人事の科学化・アカデミック化」だ。学術的に裏付けられたデータの収集、分析を行うことで、より正しい結果が得られたり、これまで解明できなかった事実を解明することができたり、これまで可視化できなかったことが見えるようになったりする。

[1] 行動心理学

日立製作所が生産性に対する社員の意識を見える化し、人事施策の

高度化を支援する「日立人財データ分析ソリューション」を開発したことは第2章の企業事例（56ページ参照）で触れたとおりだ。これまで把握することが難しかった社員の生産性や配置配属などに対する意識をデータとして見える化し、日立製作所の人工知能技術「Hitachi AI Technology/H」で分析するなどして人事施策の高度化、生産性向上を支援するシステムだ。

　同システムの開発に際して同社が非常に悩んだのは、社員の生産性や配置配属などに対する意識に着目したサーベイ方法がなかったことだ。

　「生産性向上のために労働時間の短縮を図ることも大事ですが、単に時短を進めればよいということではなく、産み出された時間をより価値を生む時間にシフトすること、すなわち労働の質を高めることこそが大事だと考えました。では、労働の質をどう計測したらよいのかと悩んだ末に着目したのが社員の意識でした。われわれはともすると行動ばかりに注目しがちですが、行動を変えるのは意識だという観点から、社員一人ひとりがどのような意識で仕事をしているのかを可視化してみたいと考え、社員個々の意識にフォーカスしたサーベイの開発に着手したのです」（髙本氏）

　日立製作所が行動心理学を取り入れて開発したサーベイは二つある。従業員の生産性の意識を探る『生産性サーベイ』と、配置配属に対するフィット感（自分に適した職場で働けているかどうかについての自己分析）を調査する『配置配属サーベイ』だ。

　筑波大学の学術指導の下、生産性の高い社員の行動を分析したところ、「挑戦意欲が高い」「時間を上手に使える」「体調管理を心掛けている」といった共通の要素があることが分かった。それに基づいて挑戦意欲を含む創造性に関する2因子、仕事の効率性に関わる3因子、心身の調整に関わる1因子、計六つの因子を抽出した。さらに組織としての生産性を測るため、組織に関する五つの因子（働き方許容性、目標明確性など）を抽出。合計11個の因子それぞれに3問ずつ、計33の設問によって、社員一人ひとりが高い生産性につながる意識を持っているかどうかを調

べるのが『生産性サーベイ』だ。

　『配置配属サーベイ』は組織貢献意識度、相互刺激感知度など個人的因子六つと、どういう組織ならフィット感が高まるかをみる組織関連因子五つ、計11因子を抽出し、それぞれ3問ずつ、計33の設問によって、社員一人ひとりが気分よく活き活きと働けているかどうかを調べるもの。

　行動心理学に基づく『生産性サーベイ』と『配属配置サーベイ』で得られたデータに、勤怠や出張記録、PC操作のログ、人事・行動データなども加えてAIで総合的に分析することで、一人ひとりの行動変革を促す課題を抽出したり、人材配置の適正化を図ることなどが可能になるという。

---

[2] 脳科学

　行動心理学とともに、人事問題に詳しい専門家たちが注目しているのが脳科学だ。脳科学がこの先、人事に活用されるようになると考える専門家は少なくない。

　ゼネラル・エレクトリックの人事責任者、LIXILグループのCHROなどを歴任した株式会社people firstの八木洋介氏は「人事に科学を」が持論。脳科学は既に人事の世界で少しずつ活用され始めている。

　「例えば、何らかの動機づけがなされたときにドーパミン（中枢神経系に存在する神経伝達物質）が出ることが分かってきました。ドーパミンはどうしたら出るのかということも解明されてきています。これを活用すると科学的に動機づけをすることが可能になるかもしれません。また、ポール・ザックというアメリカの神経経済学者が、いい組織とは信頼関係によって築かれた組織だということを言っていますが、人と人、人と組織の間で信頼関係が生じたときにオキシトシン（脳の下垂体後葉から分泌されるホルモン。別名・愛情ホルモン）が出るということが少しずつ解明されてきています。今後さらに研究が進むと、科学的に信頼関係を構築することなどもできるかもしれません。そういう科学的知見を積極的に人事

も学び、科学的な人事を目指していく姿勢が大事だと思います。そういうことも考え合わせると、10年後の人事部は今とは全く違った部署になっているかもしれません」

　腕時計型端末で心拍数を測定することでオキシトシンの分泌を解析し、映画やテレビ制作会社向けに視聴者の反応を図る技術を提供しているベンチャー企業がアメリカには存在する。この技術を政治に利用しようという動きが顕著だという。選挙演説に応用すれば、聴衆がどんな話題に関心を持っているか把握できるからだ。脳科学の実用化は決して未来の話ではないのだ。

　「脳科学の発達によって分かってきたこれらの知見は採用や研修、人事管理システムやタレントマネジメントなど、さまざまな分野で活用できる」と八木氏。

　その一例が研修。八木氏は研修手法の一つとして、意図的にいつもとは違う新しい場所で研修を行うことがあると言う。人間に限らず、野生の動物などでもいえることだが、新しい場所には未知の危険が潜んでいるかもしれないので本能的に脳が刺激され、活性化し、感覚が研ぎ澄まされ、教育効果が上がると考えられているからだ。運動した後に脳が活性化することも分かっており、研修の中に運動をセットすると研修の効果が上がることが分かってきているとも八木氏は言う。

　「脳科学に限らず、行動科学や心理学などの科学的知見を活用する企業と活用しない企業では大きな差が出てくる。科学を活用しない企業は、科学を活用する企業に勝てるわけがない。だから、私は人事に科学をということを常々言っているのです」（八木氏）

　2019年9月30日、東急不動産ホールディングスと東急不動産は8月に稼働した東京都渋谷の新本社オフィス（渋谷ソラスタ）の報道陣向け内覧会を開催した。ショールームを兼ねた最新のITを駆使したスマートオフィスだ。

この報道陣向け内覧会を取材した『日経クロステック』の記事の中に、以下のような文章があり、少なからぬ波紋を呼んだ。

　「新本社の従業員は頭部に脳波測定キットを着用し、測定データを基に『ストレス度』『集中度』『興味度』『快適度』『わくわく度』の五つの指標を可視化する。」

　従業員に脳波センサーを装着するということ、脳波を測定して脳の働きを可視化することが、さながらSF小説で描かれるディストピア（ユートピア［理想郷］の正反対の社会）での出来事のようだと一部で受け止められ、波紋を呼んだのだった。

　『日経クロステック』の記事はやや説明不足であり、後日、東急不動産ホールディングスの申し入れを受け、記事を一部訂正することになる。事実は以下のとおり。

　東急不動産が提唱する「Green Work style」（執務スペースや会議室などに植物をふんだんに取り入れた職場環境での働き方）が脳に与える影響を検証する目的で、慶應義塾大学の満倉靖恵教授と電通サイエンスジャムが共同開発した簡易型脳波測定感性評価キット「感性アナライザ」を用いた実験が行われていたというのが事実。好結果が得られれば、可視化された客観的データに基づいて「Green Work style」を提唱しやすくなるというのがその狙いだ。

　しかし、今後、脳の研究がさらに進めば、それを人事に活用しようという動きが出てくることは想像に難くない。脳の研究成果を生産性やモチベーション、エンゲージメントの向上に活かそうという動きは必ず出てくるはずだ。

[3] ジェロントロジー

　人生100年時代を見据え、80歳現役を実現するための研修等を行っている株式会社ライフシフトCEOの徳岡晃一郎氏（多摩大学大学院教授）

は、80歳現役を実現するためには「ジェロントロジー（gerontology）」の活用が必要だと説く［図表3 − 2］。

「ジェロントロジー」とは、加齢による人間の変化を心理・教育・医学・経済・労働・栄養・工学など実にさまざまな分野から学際的に研究する学問のことで、一般的には「老年学」とか「加齢学」と訳される。主に医療・福祉・美容などの分野で使われる言葉であり、学問だ。

しかし、一般財団法人日本総合研究所の会長であり、多摩大学の学長でもある寺島実郎氏が著書『ジェロントロジー宣言 「知の再武装」で100歳人生を生き抜く』（NHK出版新書、2018年）の中で、ジェロントロジーを高齢化社会のさまざまな課題を解決することを目的とした学問、見方を変えれば高齢者を活かしきる社会システムの制度設計を行う学問と捉え、その意味を込めて「高齢化社会工学」と訳すべきだと提唱したことから、以来、産業界においてもジェロントロジーに対する関心が強まるようになった。

「従来のジェロントロジーの枠内で高齢者の健康や支援を考えているだ

[図表3-2] 80歳まで現役力が必要な時代

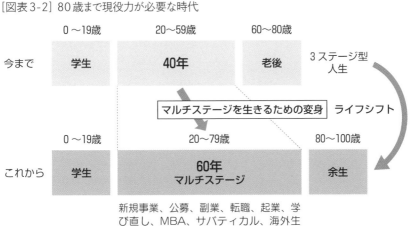

けでは、これからの社会の問題は解決しません。高齢者や高齢化社会の問題はもはや若い人の問題でもあり、若い人が高齢者とともにどう生き抜いていくか、高齢者が社会との創造的なインタラクション（相互作用）を生み出し続けるためにはどうしたらよいか、高齢者がより積極的にそのような役割を果たす気持ちになるにはどうしたらよいかなど、社会のダイナミックスというもっと大きな枠組みで考えることが必要なのです」（徳岡氏）

　高齢者が社会との創造的なインタラクションを生み出せるようにするためには、高齢者の貢献領域（組織内キャリアゴール）の明確化が重要だとした上で、徳岡氏はその貢献領域を、①イノベーター、②コネクター、③レジェンドの三つに分類する［図表3－3］。企業は、この三つの貢献領域で高齢者が創造的なインタラクションを生み出せるような環境を整えるべきであり、高齢者は三つの貢献域のいずれかで創造的なインタラクションを生み出せる人材でいられるように自己研鑽（けんさん）に励むべきという。

　高齢者が活躍、貢献できるジェロントロジー社会が到来すれば、誰も

［図表3-3］高齢者の貢献領域

イノベーター	今後はシニアマーケットが拡大していく中で、シニアならではのイノベーションが求められる時代になってくる。また若い時のように短期的な数字の成果を期待するのではなく、長期的で俯瞰的な視野に立って、イノベーションを起こしていく高齢者ならではの役割をつくり、創造を任せるくらいの方向転換が必要
コネクター	幅広いコネクション（人脈）の持ち主ということ。社内外で通用するだけのプロフェッショナリティ（プロ意識）と長年の経験によって築きあげられた人脈は、高齢者ならではの大きな財産である。長い時間をかけて築いた人脈を、高齢になったら若い人たちと一緒に刈り取っていくことで企業の内部と外部の知をつなげ新たな価値を生み、会社に貢献する。それが人生経験の豊富な高齢者にしかできない役割となる
レジェンド	社内屈指の豊富な経験や知識、高度な技術・技能、専門的直観力を持つスペシャリストやプロフェッショナルのことを指す。会社の財産ともいうべき知識や技術の伝承者、指導者として会社に貢献する

が60代、70代でも現役で働くことができると思ったら大間違い。40代のうちに組織内における自らのキャリアゴール（イノベーター、コネクター、レジェンド）を見定め、そのゴールを目指して自己研鑽に励むことが不可欠だと徳岡氏は強調する。そのような環境を整備することが、人事部の大きな役割になる。

　知識創造活動に注目したナレッジ・マネジメントの枠組みとして、一橋大学の野中郁次郎名誉教授が提唱しているのが「SECIモデル」である［図表3 - 4］。個人が持つ暗黙知は「共同化」（Socialization）、「表出化」（Externalization）、「連結化」（Combination）、「内面化」（Internalization）という四つの変換プロセスを経ることで集団や組織の共有の知識（形式知）となるという考え方である。

　このSECIモデルをベースにして、徳岡氏が提唱しているキャリア開発のモデルが「SECIキャリア」だ。

[図表3-4]「知識創造理論」のSECIモデルのイメージ

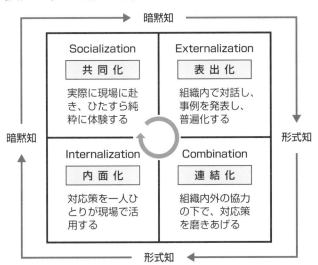

▼20代【S】仕事の直接体験を通じて暗黙知を潤沢に蓄える

▼30代【E】20代で得た暗黙知を自分なりに"料理"して自分の知の体系をコンセプト化する

▼40代【C】それまでに蓄えた専門性を他の知と連結することでより幅の広い分野で活用していく年代。そして大きなプロジェクトを通じた自信を基に50代でライフシフトを実現するためのジャンプ台とする

▼50代【I】多くの実績を内面化し自分の知恵の集大成を行い、後進へつなぎ、システム全体のイノベーションを提言していく。それと同時に、人生の第2段ロケットへ点火してライフシフトを実現する

　「このようなキャリアモデルをきちんとつくることが個人にとっても、会社にとってもとても重要になります。特に40代でのコンビネーションが大事で、コンビネーションのスケール（40代での大プロジェクト経験）によって組織内キャリアゴールが決まってきますし、第二の人生の可能性にも大きく影響します。人事部はそういう視点を持って、40代の社員の育成、アサインメント、キャリア開発を行っていくことが大変重要です」（徳岡氏）

第4章

多様化する働き方、
様変わりする雇用契約

多様化する働き方

　HRテクノロジーを駆使したデータドリブン人事と、全社を挙げての ICTの取り組みとが合致し、そこへもってきてグローバル化やダイバーシティ、ワーク・ライフ・バランス等々によって人材の多様化、会社や仕事に対する価値観の多様化が進むと、働き方そのものの多様化が進むことは必至だ。

　HRテクノロジーの導入と働き方の多様化は、卵とニワトリの関係ともいえる。HRテクノロジーがあったから働き方の多様化が実現した。働き方の多様化が進んだから HRテクノロジーの導入が進んだ。どちらも正しい。

　働き方の多様化は、幾つかのキーワードを羅列するだけで容易に実感することができる。

キーワード①【副業・兼業】

　政府が推し進める働き方改革の一環として、厚生労働省は 2018 年 1 月、副業・兼業について、企業や労働者が現行の法令の下で、どういう事項に留意すべきかをまとめた「副業・兼業の促進に関するガイドライン」を作成した（同ガイドラインは、2020 年 9 月に副業・兼業の場合における労働時間管理や健康管理のルールを明確化したことに伴い改定された）。併せて「モデル就業規則」を改定し、副業・兼業を認める方向に舵を切った［図表 4 - 1］。

　ガイドラインでは、まず自分がやりたい仕事に就きたい、スキルアップを図りたい、資格を活用したい、より多くの収入を得たいといった理由から副業・兼業を希望する者が年々増えているのに対して、多くの企業が情報漏洩のリスク、競業・利益相反などを理由に副業・兼業を認め

> **（副業・兼業）**
> **第68条** 労働者は、勤務時間外において、他の会社等の業務に従事すること
> ができる。
> 2 労働者は、前項の業務に従事するに当たっては、事前に、会社に所定の
> 届出を行うものとする。
> 3 第1項の業務に従事することにより、次の各号のいずれかに該当する場
> 合には、会社は、これを禁止又は制限することができる。
> ①労務提供上の支障がある場合
> ②企業秘密が漏洩する場合
> ③会社の名誉や信用を損なう行為や、信頼関係を破壊する行為がある場合
> ④競業により、企業の利益を害する場合

ていない現実に言及している。

　例えば、厚生労働省が2017年12月時点で示しているモデル就業規則では、労働者の遵守事項に「許可なく他の会社等の業務に従事しないこと」という規定があった。

　その一方、裁判例では労働者が労働時間以外の時間をどのように利用するかは基本的には労働者の自由であり、各企業においてそれを制限することが許されるのは労務提供上の支障となる場合、企業秘密が漏洩するおそれがある場合、企業の名誉・信用を損なう行為や信頼関係を破壊する行為のおそれがある場合、競業により企業の利益を害するおそれがある場合としている。

　こうした現状を分析をした上で、「副業・兼業の促進に関するガイドライン」は以下のようにまとめている。

　「これらを踏まえると、労働者が副業・兼業を行う理由は、収入を増やしたい、1つの仕事だけでは生活できない、自分が活躍できる場を広げる等さまざまであり、業種や職種によって仕事の内容、収入等も様々な実情があるが、自身の能力を一企業にとらわれずに幅広く発揮したい、スキルアップを図りたいなどの希望を持つ労働者がいることから、こうした労働者については、長時間労働、企業への労務提供上の支障や業務上

の秘密の漏洩等を招かないよう留意しつつ、雇用されない働き方も含め、その希望に応じて幅広く副業・兼業を行える環境を整備することが重要である」

「裁判例を踏まえれば、原則、副業・兼業を認める方向とすることが適当である。副業・兼業を禁止、一律許可制にしている企業は、副業・兼業が自社での業務に支障をもたらすものかどうかを今一度精査したうえで、そのような事情がなければ、労働時間以外の時間については、労働者の希望に応じて、原則、副業・兼業を認める方向で検討することが求められる」

このガイドラインに加えて、厚生労働省は上記の副業・兼業を認める「モデル就業規則」の改定をはじめ、「副業・兼業の促進に関するガイドラインＱ＆Ａ」「副業・兼業の事例」、さらには「マルチジョブ健康管理ツール」（アプリ）などをホームページで公開するなど、副業・兼業の促進に極めて前向きだ。こうした流れを受けて、副業・兼業を解禁したり、許可基準を緩和するなど制度の見直しを進める企業も増えている。

社員の副業・兼業を認めるのが当たり前の時代はもうそこまで来ているといっていいだろう。例えば――。

2020年4月、デジタル時代の企業のマーケティング活動を支援するネットイヤーグループ株式会社は「カケモチ社員制度」という名の兼業社員制度を導入した。同社では21年前の創業当時から兼業による社員の主体的なキャリア形成を奨励してきたが、今回の制度は社内外の高度な専門性を有する人材が、さらに活躍できる場を提供する仕組みを実現することで、新たなビジネスやアイデアなど価値創造につなげることを目的とした「ジョブ型」の働き方を支援するのが狙いだという。

カケモチ社員制度を利用することで、社員と会社双方に以下のようなメリットがあるとしている。

①ネットイヤーグループ以外の収入が増えるとともに、本業では得られない経験やスキルを身に付け、新たな人脈を得ることで、主体的なキャ

リアを形成することができる。また、本業の経験を基に兼業の領域を広げ、兼業で得た新たな見地や知識を本業に還元することができる

②正社員同様の保険制度や福利厚生制度が利用できるので、やりたいことに余裕をもってチャレンジできる。会社に所属しながら、本来、転職や起業しないとできない業務にチャレンジすることが可能となる

キーワード②【複業・パラレルワーク】

　副業・兼業が、主となる本業を持ちながら、その就業時間以外の時間を利用して行う仕事（業務委託、アルバイト、在宅ビジネス、内職などのいわゆるサイドビジネス）を意味するのに対し、複業・パラレルワークとは複数の本業を持つ働き方のことだ。洋酒メーカーの宣伝部で働きながら芥川賞を受賞した開高健や、直木賞を受賞した山口瞳、銀行員でありながら、シンガーソングライターとしてヒットを連発した小椋佳、IT企業の経営者でありながら、タレントとしても活躍する厚切りジェイソン等、分かりやすく言えば、そのような働き方だ。古くさい表現を使うならば「二足の草鞋を履く」というやつだ。

　パラレルワークは複業の意味で使われるが、もともとは「パラレルキャリア」から派生した言葉。パラレルキャリアは経営学者のピーター・ドラッカーが生み出した概念で、本業だけにこだわらず、他の仕事やボランティア活動、研究活動など、複数のキャリアを同時進行で築いていく生き方を指す。

　仕事を依頼したい企業と仕事を受注したい個人をオンラインでマッチングするサービスを行っているランサーズ株式会社が2020年に発表した「フリーランス実態調査」によると、2015年に92万人だった複業系パラレルワーカーの数は、2020年の調査では281万人と3倍に増えている。

　ちなみに、ランサーズが定義する複業系パラレルワーカーとは「雇用形態に関係なく2社以上の企業と契約ベースで仕事をこなすワーカー」のこと。

分　　　類	定　　　義	人数（フリーランス全体に占める割合）
副業系すきまワーカー	常時雇用されているが、副業としてフリーランスの仕事をこなすワーカー	409万人（40%）
複業系パラレルワーカー	雇用形態に関係なく2社以上の企業と契約ベースで仕事をこなすワーカー	281万人（27%）
自由業系フリーワーカー	特定の勤務先はないが、独立したプロフェッショナル	56万人（5%）
自営業系独立オーナー	個人事業主・法人経営者で、1人で経営をしている	289万人（28%）

資料出所：ランサーズ株式会社「ランサーズ フリーランス実態調査（2020年度）」

複業系パラレルワーカーを含め、ランサーズはフリーランスの働き方を四つに分類している。その定義と人数、およびフリーランス全体に占める割合は［図表4－2］のとおりである。

キーワード③【ポートフォリオ・ワーカー】

ポートフォリオ・ワーカーとは、二足の草鞋どころか、三足、四足の草鞋を履いて働いている多彩多能な人のことをいう。一度に三足、四足の草鞋を履くのは現実的には無理があるので、例えば、50代は会社員と大学教授、60代は大学教授とコンサルタント、70代はコンサルタント会社の経営とボランティアというように草鞋を履き替えていくのが理想的なポートフォリオ・ワーカーの一つの在り方といえる。

ポートフォリオ・ワーカーは、人生100年時代の生き方を提示して世界的ベストセラーになったリンダ・グラットン、アンドリュー・スコット著『LIFE SHIFT―100年時代の人生戦略』（東洋経済新報社）の中で提唱された概念。金融投資・資産運用の効率的かつ安全な組み合わせ方を「ポートフォリオ」というが、働き方にも同様の考え方を取り入れるべきであり、そのような働き方こそが人生100年時代のトレンドになる

と説いている。

キーワード④【ギグワーカー／クラウドワーカー】

　企業に属さずにインターネットを通じて個人で単発の仕事を請け負い、働きたいときだけ働く働き方をしている人を「ギグワーカー」といい、そのようなワークスタイルを基盤とした経済のことを「ギグエコノミー」という。2010年半ばに登場し、あっという間に広まった。

　サービスの利用者（発注企業）とサービスの提供者（労働者）をマッチングするネット上のプラットフォームサービス＝クラウドソーシング（インターネットを通じた仲介事業）を介して仕事を請け負うことがほとんどなので、ギグワーカーのことを「クラウドワーカー」ということも多い。

　総務省の『情報通信白書』（平成30年版）では「クラウドソーシングによる働き方」という項目の中で、クラウドワーカーの数を以下のように推計している。

　「クラウドソーシングのマッチングサイトを運営するランサーズ株式会社がWEBアンケート調査で実施した『フリーランス実態調査』では、2018年2月時点における副業・兼業を含む業務委託で仕事をするフリーランス数を全国で1119万人と推計しており、その12％がクラウドソーシングを行っているとしていることから、クラウドソーシング実施者は約134万人と推計される。同じくクラウドソーシングのマッチングサイトを運営する株式会社クラウドワークスの会員登録数は、2017年9月末に152万人となっていることから、我が国においてクラウドソーシングで仕事を受注する人は、150万人程度であると推計される」

　この白書が出てから既に2年が過ぎているので、直近の数字では200万人前後になっていると推定できる。

キーワード⑤【テレワーク】

　2015年が国家公務員のテレワーク元年と位置づけられていると第1章

で書いた。しかし、数年後、数十年後には2020年が実質的なテレワーク元年と記されることは間違いないだろう。

　新型コロナウイルスの感染拡大を防ぐため、人との接触の8割削減が目標として掲げられ、不要不急の外出自粛やステイホームが声高に呼び掛けられる中、多くの企業がテレワークの導入に踏み切ったからだ。

　新型コロナウイルスとは関係なく、それ以前からテレワークを推進しようという機運は高まりつつあった。2013年6月に閣議決定され、2014年6月に改訂された「世界最先端IT国家創造宣言」の中で「2020年には、テレワーク導入企業を2012年度比で3倍」「週1日以上終日在宅で就業する雇用型在宅型テレワーカー数を全労働者数の10%以上」と具体的な目標数値が記載されている。

　2019年5月に総務省がまとめた「テレワークの最新動向と総務省の政策展開」の中では、ICTを利用して時間や場所を有効に活用できる柔軟な働き方であるテレワークを"働き方改革の切り札"と位置づけている。

　その中では、テレワークの導入によって1社当たりの労働生産性が599万円から957万円と1.6倍にも向上した（平成28年通信利用動向調査）、テレワークを積極的に利用している企業の6割以上で労働時間が減少している（内閣府「働き方・教育訓練等に関する企業の意識調査」平成30年）などのデータも紹介されている。

　しかし、働き方改革の下、国を挙げてテレワークの推進を図ろうという機運は高まっていても、新型コロナウイルスが蔓延する前は実際にテレワークを導入している企業はごく少数であり、新たに導入しようという動きもさほど顕著ではなかった［図表4-3］。

　総務省が2020年5月に公表した「通信利用動向調査」によれば、従業員100人以上の企業でテレワークを導入している企業は20.2%で、導入予定企業はわずか9.4%と、「導入している」と「導入予定がある」を併せても約3割にとどまる。テレワークを導入している企業のうち、実際にテレワークを利用している従業員の割合は「5%未満」と答えた企業

[図表4-3] テレワークの導入状況推移

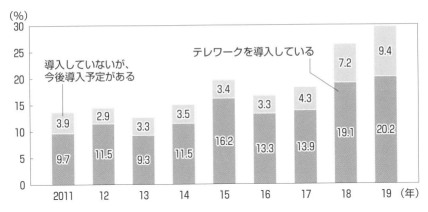

資料出所：総務省「通信利用動向調査」

が47.6％と半数を占めている状態である。

　こうした現状を踏まえて、2017年5月に閣議決定した「世界最先端IT国家創造宣言・官民データ活用推進基本計画」の中で、2020年の政府目標を次のように掲げた。

- テレワーク導入企業を2012年度（11.5％）比で3倍（34.5％）
- テレワーク制度等に基づく雇用型テレワーカーの割合を2016年度（7.7％）比で倍増（15.4％）

　ちなみに「雇用型テレワーカー」とは、企業に雇用されながらテレワークをしている労働者を意味する行政用語だ。個人事業主の場合は「自営型テレワーカー」という。ついでに言うと、雇用型テレワークは勤務する場所によって自宅でテレワークを行う「在宅勤務」、顧客先・訪問先・外回り先、喫茶店・図書館・出張先のホテル等、または移動中にテレワークを行う「モバイルワーク」、自社の他事業所、または複数の企業や個人で利用する共同利用型オフィスやコワーキングスペース等でテレワークを行う「サテライト」の3種類に分けられている。

　国がいくら旗を振ってもなかなか普及、浸透しなかったテレワークだが、

新型コロナウイルスの感染が拡大し、非常事態宣言が発令されると、テレワークの導入に踏み切る企業が一気に増えた。

2020年4月7日、7都府県（東京、神奈川、埼玉、千葉、大阪、兵庫、福岡）に緊急事態宣言が発令された直後、パーソル総合研究所が全国の就業者（20〜59歳男女、勤務先従業員人数10人以上）の約2.5万人を対象に行った「新型コロナウイルス対策によるテレワークへの影響に関する緊急調査」（調査時期：20年4月10〜12日）の結果によると、正社員のテレワーク実施率は全国平均で27.9％で、3月半ばに行った同様の調査結果（13.2％）の2倍以上に急増した。

従業員規模別で見ると、従業員1万人以上は43.0％、1000人以上1万人未満は38.7％、100人以上1000人未満は25.5％、10人以上100人未満は16.6％と、企業規模が大きいほどテレワーク実施率は高くなっている。

正社員のテレワーク実施率は、4月7日に緊急事態宣言が出された7都府県に限ると38.8％で、それ以外の地域の実施率（13.8％）と比べると3倍近い差が開いている。なお、東京都に限れば49.1％（3月9〜15日時点の調査結果では23.1％）に達している。

同調査結果を国勢調査に照らし合わせると、テレワークを行っている人は3月半ばから1カ月足らずで約400万人増え、4月7日時点で約761万人が実施していたことになると推計している。

また、厚生労働省とLINEが共同で3月31日〜4月1日（第1回）、4月5〜6日（第2回）、4月12〜13日（第3回）と計3回、全国2300万〜2400万人を対象に新型コロナウイルス対策に関するアンケート調査を実施したが、こちらもパーソル総合研究所の調査とほぼ同じような結果が出ている。

テレワークの実施率は、全国平均で第1回13.99％、第2回16.2％、第3回26.83％。東京都だけで見ると第1回30.71％、第2回34.62％、第3回51.88％となっている。

テレワークの実施率は都道府県で大きく差がある。第3回時点で、テレワークの実施割合が高かったのは、緊急事態宣言が出された7都府県（東京51.88％、神奈川43.95％、埼玉32.64％、千葉36.03％、大阪26.28％、兵庫22.69％、福岡20.22％）で、逆に5％未満の県も多く見られた（青森、岩手、秋田、山形、福島、新潟、鳥取、島根、鹿児島）。

　企業規模の格差、地域格差は大きいが、新型コロナウイルスの蔓延を機に、テレワークが一気に拡大したことは間違いない。新型コロナウイルスの感染を防ぐための緊急避難措置という見方もできるが、テレワークはアフターコロナのニューノーマル（新常態）になると見るべきだろう。

　先に紹介したパーソル総合研究所の緊急調査では、新型コロナウイルス収束後もテレワークで働き続けたいかどうかを聞いているが、「続けたい」という人は53.2％と過半数に達している。年代別では20代60.7％、30代63.3％、40代50.3％、50代41.9％となっている。

　一方、経営者も同様で、新型コロナウイルス収束後もテレワークを継続するという意向を持っている。5月25日に緊急事態宣言が解除され、その直後に日本経済新聞が行った「社長100人アンケート」（国内主要企業の社長［会長などを含む］を対象に5月25〜28日にかけて実施。回答132社）によると、今後もテレワークを継続するという回答が全体の90.9％に上っている。テレワークの対象としては全従業員の「5割」が最も多く39.1％で、「全員」という回答も4.6％あった。

　また、コロナ禍はデジタル化を進めるきっかけにもなっており、今後のデジタル化投資について63.6％が「増やす」と回答している。投資対象（複数回答）としては、87.0％が「リモートワークの設備・機材」、63.6％が「セキュリティー強化」と答えている。非常事態宣言下で印鑑を押すためだけに出社せざるを得ない状態が大きな話題になったが、「書類・はんこなど社内手続きのオンライン化」を図るという回答も61.0％に上った。

2 テレワーク時代の評価は
データ重視の成果主義に

ICTを活用したテレワークが当たり前のことになり、テレワークに後押しされる形で働き方の多様化（副業・兼業、複業・パラレルワーク等）が進むと、人事管理が極めて煩雑なものにならざるを得ないことは容易に想像がつく。

従来のアナログ的な一元的管理ではとても対応できないので、個人最適化が図れる人事管理システムが求められるようになる。すなわち、AIを組み込んだHRテクノロジーを駆使した人事管理システムだ。

個人最適化が得意なHRテクノロジーがあればこそ、多様な働き方が可能になると言い換えてもいい。

最も大きく変わるのが人事評価の在り方だ。新型コロナウイルス感染防止のための緊急避難的なテレワーク導入の際でさえ、人事評価の在り方が問題になっていた。興味深い調査結果がある。

人事評価クラウドで企業の働き方改革を支援する株式会社あしたのチームが、従業員数5人以上の企業に勤める直近1カ月以内に週1日以上テレワークをした一般社員と、テレワークをした部下のいる管理職を対象に「テレワークと人事評価に関する調査」を実施した（調査実施：2020年3月31日〜4月1日、有効回答数：300人［一般社員150人、管理職150人］）。評価に関係する主な調査結果は、［図表4－4］のとおりとなっている。

［図表4－4］の「5.テレワークを前提とした場合、現在の人事評価制度の見直し・改定すべき点」の結果を、同社では以下のように分析している。

「管理職は、現在の評価制度では成果につながる行動も評価対象としているが、行動を観察・把握しづらいテレワークでは、実績や生産性の高

さを評価する制度に変えた方が良いという意見が多数挙げられました。しかし、成果を出すための挑戦やプロセスを評価できなくなる、成果の測り方自体を見直す必要があるという意見も挙がり、数字結果だけの評価制度になることについては不安も浮き彫りになりました」

「一般社員も、成果重視に変える必要があるという声が多数でした。しかし、何を成果とするのかの基準の公平性、明確性を確保できないと納得できないという意見もありました。管理職、一般社員ともに、お互いに行動が見えないテレワークでは成果主義の人事評価に見直し・改善した方が良いという回答が多くなりましたが、そのためにも改めて自社の評価基準となる"成果"の定義の見直しが必要と考えているようです」

現場の声を反映した本アンケート結果をまとめると、テレワークではプロセス評価が難しいため、おのずと成果重視の評価にならざるを得ないことが分かる。数値結果、すなわちデータとして明示することができる成果に基づいた評価制度にならざるを得ないということだ。

[図表4－4]の「6.テレワークに適していると思う人事評価制度（複数回答）」の②プロセス（行動量・質）を基にした評価制度も57.0％と多いが、ここでいうプロセスも、勤勉さや協調性といった情緒的なことではなく、可視化できるプロセス、例えば行動量（＝作業量）や時間効率などになるだろうと推測できる。

③④⑤はおそらくは管理職も含めて、評価される側の立場に立った回答だろうと想像できる。「成果だけで評価されたのではたまらない」という気持ちが反映されているとみるべきだろう。

一方で、テレワークの導入が進み、かたやデータドリブン人事が主流になっていくこれからの時代を考えたとき、評価制度もまたデータ重視の成果主義になっていくと考えるのが自然だ。

平成不況の最中、年々増え続ける年功型賃金体系に伴う人件費の増加に耐え切れない企業が、続々と成果主義の賃金体系の導入に踏み切ったが、

1. **テレワーク時に管理職が部下に関して不安を感じること（複数回答）**
   ①生産性が下がっているのではないか　48.0%
   ②報連相をすべき時にできないのではないか　32.7%
   ②仕事をサボっているのではないか　32.7%
   ④仕事ぶりが見えない期間の人事評価をしにくいこと　30.0%

2. **テレワーク時の人事評価の難しさについて（管理職対象）**
   ①オフィス出社時と比べて難しい　73.7%
   ②オフィス出社時と変わらない　22.2%
   ③オフィス出社時と比べて簡単である　4.0%

3. **テレワーク時の人事評価が難しい理由（管理職対象、複数回答）**
   ※テレワーク時の人事評価が「オフィス出社時と比べて難しい」と回答した管理職
   　にその理由を聞いた。
   ①勤務態度が見えないから　72.6%
   ②成果につながる行動（アクション数、内容等）を細かく把握しづらいから　67.1%
   ③勤務時間を正確に把握しづらいから　45.2%
   ④会社をよくする行動（挨拶・掃除等）を評価しづらいから　31.5%
   ⑤評価面談がしにくいから　21.9%
   ⑥自社の評価制度がテレワークを想定した内容でないから　20.5%

4. **テレワークを前提とした場合、現在の人事評価制度のままでよいと思うか**

－（人）、％－

	合　計	現在のまま でよい	見直し・改 定する必要 がある	どちらとも いえない	わからない
全　　体	(242) 100.0	36.4	41.3	16.9	5.4
管 理 職	(126) 100.0	27.0	52.4	15.9	4.8
一般社員	(116) 100.0	46.6	29.3	18.1	6.0

※半数以上の管理職が「見直し・改定する必要がある」と回答している点が目を引く。

5. **テレワークを前提とした場合、現在の人事評価制度の見直し・改定すべき点**
【管理職回答】
- 今より成果主義を推進する必要がある（58歳男性／静岡県）
- 生産性の高さを数値化できるようにする。成果を重視するような評価制度に改める（38歳男性／大阪府）
- テレワークは仕事ぶりがわかりにくいので、実績重視にする（46歳女性／兵庫県）
- 成果のみならず挑戦した結果の失敗は許容される制度にしているが、テレワークでは仕事への取り組み具合を間近で確認できる機会が少ない（43歳男性／大阪府）

- 営業部門における数字の評価は従来どおりで問題ないが、中間管理職以下の職員の評価の大部分を占める行動評価（教育・伝承・戦略その他）については、事務所にいれば評価しやすいが、テレワークでは大きく変更しなければならないと感じる。数字以外の評価について何か別の基準を策定しなければならない（48歳男性／福岡県）
- 成果の測り方に工夫が必要（57歳男性／東京都）

【一般社員回答】
- 時間ではなく成果で評価する（28歳男性／愛知県）
- 成果主義を進める必要がある（54歳男性／大阪府）
- 成果の見える化をどうするかを考えないといけない（39歳男性／兵庫県）

6. テレワークに適していると思う人事評価制度（複数回答）
  ① 成果（数値結果）を基にした評価制度　77.0%
  ② プロセス（行動量・質）を基にした評価制度　57.0%
  ③ 360度評価　32.0%
  ④ 勤続年数や年齢を基にした評価制度　25.0%
  ⑤ 勤務態度や協調性などの仕事ぶりを基にした評価制度　23.0%

資料出所：株式会社あしたのチーム「テレワークと人事評価に関する調査」

　その多くはプロセス評価や相対評価を盛り込んだ"日本的な成果主義"だった。テレワークの普及は、そうした日本的な成果主義から欧米型の成果主義への脱皮を促すことになる。コロナ禍対策の一つとしてジョブ型雇用（後述）を導入する企業が出始めているのは、その象徴的な動きといえる。

3 HRテクノロジー・AIが可能にする 個別管理化・個人最適化

[1] AIで個に寄り添う、個別最適人事が実現する

　AIが組み込まれたHRテクノロジーにはさまざまなメリットがある。人事業務の効率化、時間短縮、高度化、人事の客観性、公平性、納得性の向上、人事の見える化、戦略化などだ。こうしたメリットのほかに、HRテクノロジーは人事の今後の在り方、さらにいえば企業の今後の在り方に大きな影響をもたらす可能性をも秘めている。「人事の個別管理化」「個人最適化の人事」が、そのキーワードだ。

(1)個別最適の人事が実現
　日本アイ・ビー・エム株式会社　人事 理事／HRパートナー担当
　山口俊一氏
　「コグニティブ・コンピューティングは個別最適を実現するのが非常に得意なので、キャリア、学習、勤務管理や処遇など、あらゆる場面で個別最適な人事管理が進んでいくようになると思いますし、それを進めていくべきだとも思います。いずれは労働契約も、それぞれのスキルに合わせて個別最適化するようになるかもしれません」

(2)個に寄り添う人事になることが重要
　株式会社日立製作所　人財統括本部 システム&サービス人事総務本部
　担当本部長　髙本真樹氏
　「マスで管理するHRの時代は終わり、"個に寄り添うHR"にならないとこれからの時代はHR部門として成果を出すのは厳しいと考えます。社員としっかり向き合わない、つまり、人を大事にしないような会社に人財

が集まるはずがない。もはや、人財確保における企業の優位性は、給料や企業規模などの単純な問題で決まるものではありません。今の若い人たちが会社選びで大事にしているのは、自分がイキイキと働ける会社かどうか、若い自分にもやりがいのある仕事ができるチャンスがどんどん来るかどうかです。だからこそ社員一人ひとりに深く寄り添っていける会社になること、また、HRテックを活用して一刻も早くそれを実現できる高度なHR部門になることが非常に重要だと考えています」

---

[2] 個別最適化で雇用契約の多様化が進む

　AIやHRテクノロジーの導入が進み、評価制度をはじめとする人事制度が個別最適化されるようになると、次の段階として雇用契約の多様化が進むと予想する識者が多い。そうなれば、企業の在り方そのものが大きく変化することにもなりかねないというもの。

(1)全社一律のルールでは対応できない
　ProFuture株式会社　代表取締役社長兼CEO　HR総研所長
　寺澤康介氏
「従業員一人ひとりにフォーカスした人事というのが現在の大きな潮流であり、今後ますます大事になってくるでしょう。これまでの人事の発想は従業員全員を公正、公平に扱い、なるべく例外をつくらない画一性が大原則であったと思います。しかし、これからは多様な人材一人ひとりに対応していくことが求められてきます。極端な話、一人ひとりと個別に雇用契約を結ぶような対応が求められてくることになると思います。多様な才能を活かして成果を上げることこそが人事マネジメントの終着点になってくるでしょう。従業員が多い大手企業の場合、そこまでのきめ細かい対応はこれまで困難でしたが、HRテクノロジー、AIの進化によって、それが可能になろうとしています」

(2)雇用関係以外の働き方が増える

学習院大学経済学部経営学科教授　守島基博氏

「人にはそれぞれさまざまな事情があり、制約やニーズがあります。そういうことを重視する視点に立った人材マネジメントを行わなければ、高齢者や女性、外国人など多様な人材を活用することができません。特に優秀層では自分のニーズを優先する人が増えているので、それに応えられる人材マネジメントができない企業は必要な人材を確保することもできないし、確保したとしてもすぐに辞めてしまいます。

近々、人生100年時代を迎えて、60代はおろか70歳以上の人たちも活用しなければいけない時代になります。そのときに高齢者のニーズ、年齢、体力、健康状態などに合わせて、フルタイムではない働き方、例えば週3日、週2日勤務とか、週5日午前中だけ働くとか、そういった柔軟な勤務体系をどこまで許していくのかが問われるようになります。さらに柔軟な働き方を突き詰めていくと、雇用関係を結ばずに労働力を提供するようなオプションが増えていくと思います。業務委託的な働き方、インディペンデント・コントラクター（個人事業主）的、フリーランス的な働き方がどんどん増えていくと思います」

(3)個別評価で日本の雇用は大きく変わる

株式会社people first　代表取締役　八木洋介氏

「そもそも何らかの尺度をつくって、それですべての社員を同じように評価するという考え方自体に無理があります。単純な話、営業の人と人事の人の力量などは比べようもないわけです。それを無理やり評価しようとすると、細かい評価項目を数多くつくって無理やり比較するというマイクロマネジメントに陥ることになります。

また、目標管理はすべきだとは思いますが、目標管理の結果だけを無理やり評点化して比較するようなやり方も疑問です。社員は目標管理シートに書かれていないことも多々行っていますし、目標管理の項目それぞ

れを評点化する際には、主観が入ることが多いからです。

　共通の尺度や目標管理の評点ではなく、一人ひとりの貢献度をマネージャーたちがしっかりと議論して、それぞれの評価を決めていくやり方が私は正しいと思います。AIがそういうことが得意なのであれば、そういうものを活用してしっかりと議論し、個別に評価すればよいのです。

　個別評価をきちんと行えば、日本の雇用の在り方は大きく変わります。例えば、昇進昇格の在り方も大きく変わり、それぞれのポジションに求められる資質を基準にして、誰が一番ふさわしいかを議論すれば、年齢や性別、勤続年数などに関係なく人材を登用できるようになります。若くても、年を取っていても、女性でも外国人でも、一番ふさわしい実力と潜在能力の持ち主に活躍の場が与えられるようになるのです」

(4)会社に縛り付ける雇用形態は見直される

　　日揮ホールディングス株式会社　常務執行役員 CDO

　　デジタル統括部長 人財・組織開発管掌　花田琢也氏

「人材の教育プログラムにしろ、キャリア開発プログラムにしろ、これまでのレディーメード（既製品）的なものから、社員一人ひとりの適性や能力、希望に合ったテーラーメード（顧客各人の特徴に即して設計された製品）的なものに変わっていくのはもはや必然だと思います。

　人事制度がテーラーメードになると、結果として社員一人ひとりの雇用形態自体にも影響が出てきます。それが今後10年くらいの大きな潮流になるのではないでしょうか。

　価値創造型の人材を社内だけで育てていくのは容易なことではありません。多様な人材を活用するためには、他企業との人材交流が今までの数十倍重要になってきます。そのためには、こうした人材プラットフォームが絶対に必要です。会社の枠を超えた、できるならばグローバルなタレントマネジメントのプラットフォームを構築する。個々の有能な人材はそこに登録し、企業が必要に応じてそのプラットフォームから人材を

獲得するような時代が来るでしょう。

　こうした人材プラットフォームの実現に向けて、これからの人事部は社内の人事にだけ集中するのではなく、社外とのネットワークづくりを推し進めることこそが一番重要な仕事になってきます」

4　新たな雇用の在り方を模索する動き

　多様な働き方の出現に合わせて、雇用の在り方を見直す動きは既に出始めている。その一例として、タニタの社員の個人事業主化、富士通や日立製作所が導入しているジョブ型雇用について紹介する。

[1]　タニタの社員の個人事業主化

　健康計測機器メーカーのタニタは、希望者を対象に、同社を退職した上で個人事業主として会社と業務委託契約を結ぶ仕組みを2017年1月から導入している。1年目は8人が手を挙げ、4年目となる2020年までに計24人が社員から個人事業主へと転身した。

　対象は全社員。職種や勤続年数などの条件はない。個人事業主として独立を希望する社員は、まず収入の見通しなどについて会社側と協議し、納得すればタニタを退職した上で同社と業務委託契約を結び、個人事業主として従前どおり同社の仕事をする。契約は3年間の複数年契約で1年更新。

　報酬は、前年の業務と残業代を含む給与や賞与、それ以外に会社が負担していた社会保険料などを基に設計する。個人事業主になっても少なくとも3年間は仕事と収入が補償される仕組みだ。

　社員ではないので就業時間に縛られる必要はなく、出社も退社の時間

148

も自由に決めることができる。時間的に余裕があれば他社の仕事を受注して収入アップ、スキルアップを図ることもできる。

　この仕組みの発案者は2008年に父の後を継いだ谷田千里社長。直前まで米国法人に勤務していた谷田社長の目には、終身雇用、年功序列を是とする日本の企業風土が「ぬるま湯」に思えたし、そこで働く社員たちは主体的に働く意欲が希薄に見えてしかたがなかった。社長就任以来、いかに社内を活性化するか、優秀な人材がより主体性を発揮して働くことを支援し、努力に報いることができるかを考え続けた谷田社長が、その解決策の一つとして打ち出したのが社員の個人事業主化だった。

　同社では、この仕組みを「日本活性化プロジェクト」と呼んでいる。同様の取り組みによって自社だけでなく、日本全体の活性化に貢献したいという願いを込めてのネーミングだ。

[2] ジョブ型雇用

　2020年1月22日、経団連は春季労使交渉・協議における経営側の基本スタンスを示す「2020年版 経営労働政策特別委員会報告」（経労委報告）の中で、日本型雇用システムの見直しに触れ、今後の方向性として、「『メンバーシップ型社員』を中心に据えながら、『ジョブ型社員』が一層活躍できるような複線型の制度を構築・拡充していく」ことを示した。ジョブ型こそが優秀な人材の流出を防ぎ、企業の国際競争力を高めるには効果的な手法だと考えてのことだろう。

　ジョブ型雇用とは、企業が独自に定めたポジションごとの職務記述書（ジョブディスクリプション＝職務内容、目的、目標、責任・権限の範囲、必要な知識・スキル、経験、資格等々を細かく取りまとめた書類）を作成し、それに見合う人材をその職務に登用したり、採用したりする雇用制度のこと。

　賃金は性別や年齢に関係なく、与えられた職務の役割分担、その重要

性（ジョブサイズ）によって決まる。欧米では当たり前の制度だ。

　ジョブ型雇用の導入は日本においてもたびたび議論の的になったが、職務を限定せずに新卒を一括採用する就社方式（ジョブ型に対してメンバーシップ型という）が広く根付いているため、ジョブ型雇用が普及することはなかった。

　そのジョブ型雇用が、コロナ禍を機にまた注目を集めるようになった。ジョブ型であれば在宅勤務であっても職務記述書に基づいて人事評価がしやすいからだ。2020年6月8日付の日本経済新聞は「雇用制度、在宅前提に、資生堂、『ジョブ型』で評価、シフト、在宅専門の採用」という見出しの記事の中で、資生堂と富士通、日立製作所などがジョブ型雇用の導入、対象の拡大を決めたと伝えている。

資生堂
- 少なくとも約8000人のオフィス勤務の一般社員を対象に2021年1月から「ジョブ型」雇用に移行する
- 管理職では2020年1月に導入した「ジョブ型」の対象を広げる

富士通
- 2020年度から国内の課長職以上の約1万5000人を対象に「ジョブ型」雇用を導入し、その後他の社員にも広げる

日立製作所
- 約2万3000人を対象にした「ジョブ型」雇用の導入を表明

　ジョブ型雇用の導入事例はまだ少ないが、国際競争に打ち勝てる専門スキルの高い人材の採用・育成・活用に適しており、また職務内容に応じた多様な働き方、多様な人材の活用が可能になることから、日本でも今後普及していくと考えられている。

　ちなみに、記事の見出しにある「在宅専門の採用」の事例としては、在宅勤務専門の正社員エンジニアの採用を開始したソフトウェアの品質

保証サービスを手掛ける株式会社SHIFT、出社を前提としない雇用契約を一部の機器保守要員を除いた新卒社員と結べるようにする方針を打ち出したさくらインターネット株式会社が紹介されている。

企業事例　サイボウズ株式会社①
執行役員　人事本部長　中根弓佳氏

人事のミッションは一人ひとりがイキイキと働ける
「100人100通りの働き方」を実現すること

■目指すは「100人100通りの働き方」。きっかけは高い離職率

　[図表1] の受賞歴からも分かるように、サイボウズはこれまで、ユニークかつ先駆的な人事施策を次々に打ち出してきた。これらはすべて同社の企業理念である「チームワークあふれる社会を創る」につながっており、人事のビジョンである「100人100通りの働き方」を具現化したものといえる。同社の人事戦略をリードし続けている中根弓佳人事本部長は次のように話す。

　「人間は一人ひとりが全く違います。それぞれがイキイキと働ける制度やイキイキと働ける場をつくることで『100人100通りの働き方』を実現すること、同時に、自立した一人ひとりが協働して『チームワークあふれる社会を創る』という企業理念を実現できるように支援すること、この二つが私たち人事部のビジョンであり、ミッションです」

　こうしたビジョン、ミッションに沿った人事制度を打ち出していくようになったのは、会社設立から10年近くたってからのこと。その発端は高い離職率だった。

　多くのIT系ベンチャー企業同様、急成長を遂げた同社でも職場環境に問題が生じ、それに耐え切れずに退職する社員が増えた時期があったという。2005年の離職率は過去最悪の28％を記録した。

　「まずは、『彼ら・彼女らはなぜ、サイボウズを辞めてしまったのか』

2008年
「第3回『にっけい子育て支援大賞』」（日本経済新聞社） 企業部門において大賞を受賞。2006年8月より最長6年の育児休業制度や、ライフステージに応じた選択型の人事報酬制度を設けるなどしてきたことが評価され、女性に限らず男性も働きやすい企業であると認められた
2012年
「日本の人事部『HRアワード』2012」 企業人事部門において特別賞を受賞
2013年
「平成24年度 東京ワークライフバランス認定企業」（東京都）に認定（育児・介護休業制度充実部門）
2014年
「ダイバーシティ経営企業100選」（経済産業省） より多くの人が、より成長して、より長く働ける環境づくりの取り組み、特に女性活用の取り組みが評価された
2016年
「テレワーク先駆者百選 総務大臣賞」（総務省） テレワークの導入・活用において、他社が模範とすべき先駆的な取り組みを行っている企業として受賞
2017年
「日本の人事部『HRアワード』2017」 2012年より社員の複業（副業）を認め、個人の自立と多様な働き方の実現を目指して取り組みを続けてきたことが評価され、企業人事部門で最優秀賞を受賞
2019年
「働きがいのある会社ランキング」（GPTWジャパン）に6年連続でランクイン 「『働きがいのある会社』女性ランキング」（同）の中規模部門（従業員100〜999人）に3年連続でランクイン

というところから、いろいろな施策を講じました。当社はグループウェアを通して顧客企業のチームを支援することを喜びとしているのだから、われわれ自身もそこにこだわりを持つチームにしていきたいと考え、人事のビジョンを大きく変えることにしました」

そこで社員の意見を聞くところから始めた。「あなたはどうすれば

サイボウズでイキイキと働けますか」「どうしたらサイボウズを辞めないですか」との問いに対し、いろいろな答えが返ってきた。

　その一つに「短時間勤務を認めるなど、働く時間を選べるようにしてほしい」「在宅勤務ができればうれしい」など、自分のライフスタイルに応じた柔軟な働き方を求める声があった。

　「勤務時間が短い、会社以外の場所で仕事をしてもよいといったことは、『チームワークあふれる社会を創る』という当社の企業理念に相反するものではないですし、チームワークあふれる会社を創る上でも阻害要因ではなく、十分許容できるものです。むしろそうすることで多くのメンバーがサイボウズにジョインできる、活躍し続けられる。ならばメンバーが望む"柔軟で多様な働き方"を受け入れていこうという方向で、時間や場所だけでなく、いろいろな制度を取り入れるようになったのです。それを進めていくうちに、『100人100通りの働き方』を実現することが人事のビジョン、ミッションになりました」

　2005年以降、同社がライフスタイルに応じた柔軟な働き方を可能にするために導入した主な制度は、[図表2] のとおり。

　中でも、基本的な働き方をあらかじめ周囲に"宣言"しておく「働き方宣言」と、臨時にそれと異なる働き方を希望する場合に用いる「ウルトラワーク」の組み合わせによって、文字どおり「100人100通りの働き方」の実現を目指した。10年後の働き方を先取りしたものといえるかもしれない。この働き方のコンセプトをさらに追求していくと、雇用形態そのものが変わってくることも考えられる。

　「本人が宣言どおりの勤務形態で就業し、会社がそれに合わせて業務を割り振りするスタイルを突き詰めれば、全員、業務委託でもいいということになってくるでしょう。ただし、業務委託にもメリット・デメリットがあります。日本の社会は現在、基本的に1社就業型の社会保険制度をベースとしているので、業務委託の場合、本人は健康保険をはじめとする安心やメリットを受けにくくなるなどの問題が

[図表2] 2005年以降に導入した人事制度

▼育児・介護休暇制度（2006年）

最長6年間の育児・介護休暇制度。妊娠判明時から取得可能な「産前休暇」「育児・介護短時間勤務制度」を導入

▼選択型人事制度（2007年）

ライフステージに応じて、本人の希望で働き方を切り替えられる制度を導入。ワーク重視型（PS2）とライフ重視型（DS）とその中間のワークライフバランス型（PS）の3種類から選べるようにした

▼在宅勤務制度（2010年）

月4回までの在宅勤務が可能

▼ウルトラワーク（2012年）

チームおよび個人の生産性向上を目的に、時間と場所の制約のない新たな働き方「ウルトラワーク」を導入。上司の承認があり、前日までに業務時間がスケジュールに登録されていて、業務時間中の連絡が取れること等が条件（都度の申請・利用が前提であり、常態としての適用は認めない）
【働き方の例】
早朝、涼しい自宅で集中して仕事をする／オフィス外のスペースで企画をブレストする／保育園の親子行事の前後の時間で仕事をする／病院の診療時間の前後に落ち着いた場所で仕事をする／深夜、自宅で米国の顧客とWeb会議をする／移動先のホテルで仕事をする／通勤ラッシュ時を避けた前後の時間に出勤する／遠方通勤者が近所の同僚の自宅で一緒に仕事をする

▼育自分休暇制度（2012年）

35歳以下で、転職や留学等、環境を変えて自分を成長させるために退職する人を対象に、最長6年間、職場復帰を認める

▼複業許可（2012年）

社員が自分らしく働き、経済的にも精神的にも自立した未来になるよう、複業を可能にした。会社資産の使用や他社に雇用される場合以外は、上司への届け出・承認が不要で、自由に行うことができる。複業は「自分らしい個性的なキャリアを積むためのもの」と定義しており、家事・育児、介護、ボランティア活動など、すべての価値創造活動が対象になる

▼選択型人事制度の改定（2013年）

PS2、DS、PSの3種類だったものを改め、時間と場所を軸に九つのワークスタイルを設定し、ライフステージに合った働き方（「会社に来てバリバリ働きたい」「プライベートを重視したい」など）を選択できるようにした

▼子連れ出勤制度（2014年）

「長期休みに学童保育に行きたがらない」「子どもの預け先がない」といった悩みを抱える社員のために、「チームの生産性を下げない」など一定のルールの下で子連れ出勤を認める制度

▼複業採用（2017年）
社員の複業を認めることの裏返しで、他社で働きながら複業として同社での就業を希望する人材を積極的に採用する

▼働き方宣言制度（2018年）
時間と場所で区切られた9分類から働き方を選ぶ従来の選択型人事制度を廃止し、社員一人ひとりが自分の働き方を自由に宣言し、実行できる新制度「働き方宣言制度」を導入。自身が望む働き方を、所属するチーム全体にきちんと宣言・実行することが、本人・チーム双方にとっても効率的ではないかという発想に基づく

出てきます。そういうことも考えると、すべての社員との契約が業務委託型になるのはまだちょっと難しいと思っています。今後、一つの選択肢として業務委託型も検討していくことになるでしょう」

■「100人100通りの働き方」を支える「kintone／キントーン」

「100人100通りの働き方」は、いくらそれが同社における人事のビジョン、ミッションであるとしても、実現するのは簡単なことではない。一人ひとりに寄り添った労務管理がいかに煩雑であり、困難を極めるかは、容易に想像できるというもの。

「『100人100通りの働き方』を目指した人事施策を打ち出した当初は、不安だらけでした。『好きな時間だけ働けばいい』『好きな場所で働いていい』ということにすると、生産性が落ちるのではないか、マネジメントしきれなくなるのではないか――など、気掛かりな点は多くありました。

実際に、同じ時間、同じ場所、すべて会社の指示で業務内容や働く場所を決めるという方法と比較すると、マネジメントは複雑です。一人ひとりの働き方と仕事のマッチングも容易ではなく、例えば1日5時間しか働けない社員がいて、でも一方で1日8時間かけなければこなせない仕事があるとすると、オーバーした3時間分を誰にお願いするか――などの問題が頻繁に起きる可能性があります。場

合によってはその社員に『何とか7時間は働いてくれないか』と頼まざるを得ないこともあるでしょうし、マネジャーが上司に『チームとしてこれ以上の仕事は引き受けられない』と申し出ることもあり得ます。ただし、こうした状況でも上司が『メンバーを説得してもっと働かせろ』と言うことはありません。そこは社長の青野が覚悟しているところです」

さらに、「100人100通りの働き方」を推し進める中で、賃金や評価に関する考え方が変わってきた。

「短時間で働いてもその分の貢献度合いで評価すればいい——今はそう思いますが、最初からそのような認識だったわけではありません。当初はわれわれも、短時間で働く人に対し『仕事への取り組み姿勢や成長意欲について、それほど期待できない』と思い込んでいました。

しかし、短時間勤務で通常より減った時間分、成果が落ちるかといえば、そんなことはありません。みんな工夫して働き、成果を上げているのです。労働時間と成果は直ちに比例するものではないと気づかされました。当然、成長意欲も労働時間や場所には比例しない。こうした経緯もあり、チームに対する貢献度で評価することに対する違和感は少しもありません」

煩雑な労務管理が必要になる「100人100通りの働き方」を支えているのが、同社が開発したクラウド型業務改善プラットフォーム「kintone／キントーン」だ。

「次々に新しい制度を入れたり、既にある制度の運用をどんどん変えたりしているので、既存の人材管理システムではマッチしにくいところがあります。その点、キントーンはプログラミングの知識がない人事担当者でも、タレントマネジメントや勤怠管理、労務管理、人事管理などを、自社に合った形で思いどおりにカスタマイズできるのが強みです。

『100人100通りの働き方』をマネジメントするには、『いかに情

報をオープンにして、メンバー全員で共有するか』『給与や役割を柔軟に変更できるか』といったことが重要になります。キントーンは多様な働き方や変化していく制度において柔軟にマネジメントするのに適したプラットフォームであり、まさに当社で欲しいと考える機能を詰め込んで開発した商品といえます」

■「100人100通りの働き方」を進化させる四つの"支援"

　社員一人ひとりのライフスタイルに応じた柔軟な働き方を追求した結果、2005年に3割近くに達していた離職率は、直近で約4%にまで改善した。また、「100人100通りの働き方」は採用面でも、応募者数が増え、優秀な人材を確保しやすくなるなど、よい影響をもたらしている。

　「3〜4年前から急激に応募者が増えてきました。一人ひとりがイキイキと働けるサイボウズでぜひ自分も活躍したいという人から、多くのアプローチをいただいています。当社のこれまでの取り組みは間違っていなかったと思えるようになってきました。これをさらによい方向に進化させていくことが当面の目標です」

　「100人100通りの働き方」をより進化させるための取り組みとして、中根本部長は以下の四つの"支援"を課題として挙げる。

①自立支援

　「100人100通りの働き方」があり、選択肢は山のようにある中で、社員に「本当にやりたいこと」を聞いても、特に入社1〜2年目の社員など明確な答えが返ってこないことが多い。「自分にとっての幸せとは何か」「幸せに働くとはどういうことか」「ありたい姿」を、一人ひとりが自分の価値観で考え、選択できるようにするための自立支援が必要。

②スキル支援

　選択肢を増やす武器になるスキルを身に付けさせる支援も必要と

なる。

③マインドセット支援

　チームへのエンゲージメントを高める上で、個々のメンバーがワクワクしながらチームに貢献するマインドセット、期待や意味づけなど、チームと個人をマッチングさせるための支援が必要。

④メンタル・フィジカル支援

　メンタル面（自分のストレス、怒りをコントロールできるようになるなど）、フィジカル面をよい状態に維持できるよう支援することも大事。会社が健康面全般をカバーすることはできないが、本人が自己管理できるようある程度支援することが、チームのパフォーマンスを高める上でも必要。

　これらの課題を解決していく役割を担う人事スタッフに対し、中根氏は次のような要望を口にする。

　「これからの人事を考える人材には、人とチームに興味を持ってほしいですね。私たち人事部の役割は、チームワークあふれる会社をつくるための支援をすることです。チームワークあふれる会社の中で社員一人ひとりが幸せに働けるよう、それぞれと向き合っていくべき部署ですので、そのことに心から喜びを感じられるメンバーであってほしいと思います」

サイボウズ株式会社②
代表取締役社長　青野慶久氏

人事制度に完成形はない。
環境変化に柔軟に反応するため、変革のチャレンジを続ける

■働き方改革の基本は、一人ひとりが楽しく働けること

　青野社長は"働き方改革"に非常に熱心に取り組んでいる。本腰
を入れたのは、中根本部長の段でも触れた 2005 年の離職率 28％が
きっかけだった。会社トップとしてこの問題とどう向き合ったのだろ
うか。

　「会社を設立して 7 ～ 8 年目くらいは離職者が非常に多くて、それ
で苦労したことから、あれこれと人事制度の見直しに着手しました。
こんな楽しい会社なのに何でみんなどんどん辞めていくのだろうと、
当時はその理由が分からず、随分悩みました。

　また、山田理副社長の存在も大きいですね。彼は組織に関してす
ごく興味を持っている人間で、彼から指南を受け、彼の言うことを
私なりに咀嚼しながら考え、実行していたら物事が好転するように
なった。組織や働き方に関する取り組みがだんだん面白いと感じら
れるようにもなりました」

　青野社長は、楽しい会社にもかかわらず社員が辞めていくのは、
仕事の楽しさだけを追求するあまり、社員個人の健康や仕事以外の
過ごし方に目を向けていなかったからだと考えた。いくら自分が"楽
しい"と思う会社をつくっても、その感覚を共有できない人は去っ
ていく。

　「会社というのは、人間がつくり出した仕組みです。こういう仕組
みをつくったほうが効率よく価値を生み出せるし、お金ももらいや
すくなるし、幸せになれるということで生まれた。にもかかわらず、
働いている人が仕事に追われて家族と過ごす時間がなくなったり、

疲れ切ってしまったり、身体を壊したりすることがある。でも、それを我慢しているという構図はそもそもおかしいと思いました。人間のためにつくった会社なのに、働いている人が楽しくないというのは絶対おかしい。自分が会社を起こしたときの基本に立ち返ったときに、そのことを再認識したのです。

　もう一つ大事なのは、"楽しいツボ"は全員違うということです。僕自身は楽しいと思って働いていたのに、辞めていく人がたくさんいたのは、彼らにとってはサイボウズが楽しい会社ではなかったからなのではないか、と。それならば"楽しいツボ"は全員違うということを前提にして、働き方を変えていかなければいけないと考えたのです」

　それから同社はさまざまな人事制度を導入。既存の枠にとらわれない考え方で大胆な施策を実行に移し、現在の同社のイメージでもある"働きやすい会社"へと進化を遂げていく。現在では名実ともに"働き方改革"をリードする企業の代表格となった。そして同社は、会社設立20周年を迎えた2017年9月13日、日経新聞の朝刊に青野社長の名前で『働き方改革に関するお詫び』という全面広告を出稿した。世間に向け"働き方改革、楽しくないのはなぜだろう。"という問い掛けを発信したものだ※。"働き方改革"がクローズアップされ、世間が労働時間削減の方向に傾いている中で、あえて"楽しくない"と警鐘を鳴らしたのには、青野社長の思いが込められている。

　「当社がずっと取り組んできた働き方改革の流れが加速してきたのはいい傾向だと思っているのですが、労働時間の削減にフォーカスされすぎていると思うのです。『定時になったからもう帰れ』と言われて、パソコンを取り上げられ、照明を消され、それでも成果は求められるので、家に帰ってからサービス残業をせざるを得ない。それっておかしいよね、ぜんぜん楽しくないよね——と問題提起するために行ったのが、このキャンペーンです。思ったより反響が大きく、

同じことを感じている人がこんなにも多いのかと驚きました」

※同社特設サイト「働き方改革、楽しくないのはなぜだろう。」
 https://cybozu.co.jp/20th/

■応募者を100%採用するのが理想

　"楽しいツボ" は全員違うという前提で、さまざまな働き方改革にチャレンジしてきた同社では、現在「100人100通りの働き方」を実現する風土が完成しつつある。離職率は下がり、応募者も増えるなど、一定の成果は出たようにも見えるが、青野社長は今後も変革の手を緩めるつもりはないという。

　「人事に完成形はないと思っているので、これからもチャレンジを続けます。逆に、人事は『これでいいや』と思った瞬間に、もう退化が始まっていると考えるべきでしょう。なぜならば、どんどん新しい人が入ってくるし、既に当社で働いている社員の生活環境もどんどん変わっていくので、それに応じた人事であり続けなければならないからです。

　完成形のないものを追いかけているという意味では、人事はナマモノだと思っています。あえて現状を評価するとすれば、それなりの成果が出ていると思いますが、まだまだ序盤戦にすぎない。やるべきことはめじろ押しです。

　2019年1月には、開発本部の下、職能・地域ごとに分かれた部署を撤廃し、同本部の直下にチームがフラットに並ぶ組織に変更しました。会社の規模が大きくなってくると、職制も社長、本部長、部長、課長といった重層構造になり、意思決定のスピードも落ちてしまいます。そこで、新しいチャレンジとして、フラットなチーム制を取り入れることにしました。『チームワークあふれる社会を創る』という企業理念に沿って考えると、部長や課長といった役職や、ヒエラルキーの概念そのものが不要になってくる。同様に、企業理念に照らして

社長という役職をなくしたほうがいいと判断すれば、そうすることも十分あり得ると考えています」

　同社の仕事の進め方は、年度の目標を立て、そこから仕事に細分化していくものではない。基本的には積み上げ型であり、各部門でやりたいこと、課題だと思うことを挙げ、それを遂行していくスタイルだ。青野社長も会社として目指したいことは発信しているが、各部門はそれを意識するものの独自の活動方針を打ち出すことも認められている。こうした仕事の進め方も、フラットなチーム制を取り入れる背景になっている。とはいえ、役職をなくすという決断は強いリーダーシップがなければできることではないだろう。

　そんな青野社長がいずれ行いたいと考えていることも、スケールが大きい。

　「今後ぜひやりたいのは、応募者の完全採用です。働き方改革を進めてきた結果、応募者が増え、転職人気企業になりました。しかし、逆に狭き門になってしまって、せっかく当社の仕事に参加したいと多くの人に応募していただいているのに、お断りせざるを得ないケースが非常に多くなっています。それではいけないのではないかと思っているのです」

　実際問題として、応募者全員を採用することには無理がある。しかし、青野社長はいたって真面目に実現方法を模索している。無理を「無理」と決めつけず、解決方法を見いだしていくところが、同社の成長の源なのだろう。

　「確かに当社では現状、全員を採用することは難しい。しかし、それは受け入れる側にマネジメント力がないことに原因があると考えるべきです。本来ならば、マネジメント力を上げて応募者を100％受け入れるのが理想的だと思っています。『チームワークあふれる社会を創る』という企業理念に照らせば、当社で働きたい人全員に、チームの中で力を発揮してもらいたい。当然、それこそが目指すべき方

向になります。今後 10 年では実現できないかもしれませんが、これは人事だけではなくて、私も含めて会社全体の課題として取り組んでいきたいですね」

■人事部の新たなフェーズ、「誰でも人事部」

　常に一歩先を行く人事制度を導入している同社。10 年後を見据え、今後変えていくべき人事制度として、青野社長は賃金制度を挙げ、さらには人事部そのものの在り方を変革すべきと考えている。

　「働き方改革を進めるには、年功序列に別れを告げて、新しい給与モデルへ移行することが必要です。勤続年数や労働時間など、現状の給与制度は『時間』との結びつきが強すぎる。スキルや成果、ほかにもいろいろな要素があるにもかかわらずです。この前提に立つ給与体系を崩していかない限り、働き方の多様化を実現するのは難しいでしょう。みんなそのことに気づいているのに、どの企業もこの部分に手をつけようとしない。そうしたい気持ちはあっても、周囲の様子をうかがっているのではないかと思います。

　給与体系を改めるには、そもそも時間に紐づきすぎているビジネスモデル自体を見直すことが必要です。その動きは今後本格化するとみています。例えば、当社のような IT 系企業では、ソフトの受託開発の際に『何人月いくら』という言い方をします。『あの会社から 3 人来てもらったから 3 人月で、1 人当たり 80 万円だから合計 240 万円』といった具合です。これでは、この 3 人がどう頑張ろうと、報われることはありません。逆もまたしかりです。『時間＝値段』というビジネスモデルを続けている限り、時間に紐づいた給与体系を改めることはできないので、ビジネスモデル自体を見直すことが必要です。

　ビジネスモデルが変われば、会社も変わるかもしれません。会社というのは、チームで仕事をするときの一つの枠組みでしかないので、

10年後には会社の組織が、さらには会社そのものの在り方が変わっているかもしれません」

　会社組織が大きく変わらざるを得ないのだとすると、10年後の人事部の在り方も変わっていく。

　そして、同社では既に人事部の在り方が変わりつつあり、次なるフェーズに移行しようとしている。

「『誰でも人事部』といって、特定のメンバーに限らず、必要な制度、欲しい制度があれば自分たちでつくればいい、という発想です。社員全員参加型で、より民主的に人事を行えるような形にシフトしたいと考えています。これは人事に限らず、『誰でも開発部』『誰でも広報部』というように、すべての部署に当てはまることです。そのほうがやっていて楽しいし、常に新しい発想が生まれていく組織になると思います」

第5章

10年後に向けて変化する人事部

1　人事部は変わらなければいけない

　今から10年後——2030年ごろの人事を取り巻く環境は大きく様変わりする。戦略人事の時代になり、AI、クラウド、HRテクノロジーが人事のあらゆる分野で使われる時代になり、働き方はもちろん雇用関係さえもが多様化する時代になる。

　そういう時代に合わせて人事部もまた大きく変わらなければならない。むしろ人事部自らが変化を先取りし、組織改革や働き方改革をリードしていく攻めの姿勢が必要だ。

　「人事部は変わるべきだ」「人事部は変わらなければいけない」という声は、今回の取材の中でも何度となく聞かれた。

　変わるべき方向性については、第2〜4章で見てきた以下の4点である。

①戦略人事化

②HRテクノロジー化

③データドリブン化

④個別最適化

　この四つにもう一つ加えるとすれば、「組織デザイン」だろう。「企業文化の醸成」と言い換えてもいい。

　「経営と一体になって、それぞれのマーケットで勝てる組織の在り方をデザインしていくことが今後さらに重要になってくるでしょう」(ProFuture株式会社　寺澤康介氏)

　勝てる組織の在り方も環境の変化に伴って変わってくる。したがって、変化に応じて、変化を先取りして勝ち続ける組織をデザインし続けなければならない。

　しかし、勝ち続ける組織のデザインや、変化に対応した企業文化の醸成に本格的に取り組んでいる企業は現状では皆無に等しい。その中にあっ

166

て、専門の研究所までつくって取り組んでいる楽天は極めて稀有な存在<ruby>稀有<rt>けう</rt></ruby>といえよう。

　楽天が2018年10月に設立した楽天ピープル＆カンパニー研究所の取り組みは、今後の人事部のあるべき方向性を先取りした一例と見ることができる。その詳細については「企業事例」として後述する（180ページ参照）。

　企業文化の醸成に関しては、一例として「思いのマネジメント」（MBB／Management By Belief）について株式会社ライフシフトCEO　徳岡晃一郎氏に語ってもらったので、後掲を参照してほしい（177ページ参照）。

　役割が変わることによって、10年後の人事部は今以上にその役割が重くなる、それだけやりがいのある仕事になると確信している人事の専門家が圧倒的に多い。

　「1990年代、2000年代の、いわゆる失われた20年間で日本的雇用が揺らぎ、人事制度のあちこちにほころびが出てきています。そこからの10年、20年は日本的雇用の再構築の時期と位置づけられます。人口減少、低成長、ダイバーシティ、グローバルを前提にした仕組みに組み替える本格的なプロセスに入ってきました。その意味において、これからは人事部の果たすべき役割は非常に重要です」（リクルートワークス研究所　大久保幸夫氏）

　「データによって人事のやるべきことが見え、ピンポイントで課題にアプローチ可能になりますので、効果的に手を打つことができます。そうなると人事の役割はむしろ大きくなり、人事が経営に直結するようになると考えます」（株式会社サイバーエージェント　向坂真弓氏）

　「これまで人事は労務管理のプロフェッショナルとしての役割が期待されていましたが、これからは経営改革の基点となる戦略人事としての役割が求められるようになると思います。経営のニーズに沿った人事戦略を立てて、その戦略を実行していく。そうしなければ人事の価値がどん

どんなくなっていくのではないかと感じています」(ソフトバンク株式会社　井上允之氏)

　「システム化、HRテクノロジー化に伴って人事部のスタッフ数は減少する一方で、HRBP（HRビジネスパートナー）やインフラ整備、人事コンサルタントなどの業務は増えますし、人事の役割自体はむしろ重要になってくるでしょう」(株式会社カオナビ　内田壮氏)

　「マーケットの変化に対応する組織をつくるということだけでなく、マーケットの変化を予測し、経営と一体になって来るべき変化に対応できる組織を先手を打ってデザインすることができれば素晴らしいでしょう。それは人事にとって今までにないチャレンジであり、極めて重要な役割だといえます」(ProFuture株式会社　寺澤康介氏)

　「ビジネスに貢献し、経営戦略をリードする組織づくり、人材育成を支援する戦略人事への転換、選ばれる企業になるためのマーケティング機能の充実、新たなテクノロジーの活用、脳科学や生物学などの視点からの組織づくり、環境づくりなど、これからの人事には非常に多様なものが求められるので、一番勉強のしがいがあるというか、やりがいのある領域になってくると思います」(楽天ピープル＆カルチャー研究所　日髙達生氏)

　HRテクノロジーやアウトソーシングによる人事業務の合理化、人事機能の事業現場への移転などを理由にごく一部で「人事部不要論」なども聞かれたりするが、今回の取材では人事部不要論について尋ねても一笑に付されるだけだったことを付け加えておく。

　ただし、必ずしも万全というわけでもない。重い役割を経営陣の期待どおりに果たすことができなければ、場合によっては人事の仕事を奪われることもあるかもしれない。世界に海外本社や支社、支店を持っている企業などは、クラウドの普及によって人事が国際競争にさらされることになるからだ。

　クラウドサービスを利用することで、あらゆる人事情報がクラウドに

保存されるようになり、日本本社にいても、アメリカやヨーロッパ、アジアの支社、支店にいても同じ人事情報を共有して協業することができる。

それ自体は非常に大きなメリットだが、それは同時に日本の人事部が海外の支社や支店の人事部との間で知識、スキルの面で競争にさらされることを意味する。

極端な話、日本より10年以上進んでいるといわれるアメリカ支社の人事部が日本本社の人事を取り仕切るようなことが起こり得るということだ。日本本社の人事部と同じだけの知識、スキルをアジアのどこかの支社の人事部が持ち合わせしていたとしたら、コスト面を考えたならばその支社に日本の人事もすべて任せてしまったほうがよいという経営判断になることもあり得ない話ではない。少なくともシステム的には、そういうことが可能であることは間違いない。

日本の会社、日本の人事だから日本人がやって当たり前という考え方が通用しない時代が、10年後には訪れているかもしれないのだ。

2 専門家は10年後の人事をこう読む

[1] 学習院大学経済学部経営学科教授　守島基博氏

■アメリカに比べて10年以上遅れている日本の人事

「今後10年くらい、もしかしたら永久にかもしれませんが、人事部にとっての最大の課題は人材不足だと思います。単なる人手不足ではなく、ビジネス戦略上必要な業務を担う"人材"の確保。これからの人事部にとってはこれがすごく大きな課題になってきます。

ビジネスモデルが変わり、企業の戦略が変化する中で、新しいタイプの人材が必要になります。人手は確保することができても、そういう新し

いタイプの人材が確保できずに、人材不足になる会社が続出すると考えられます。新しいタイプの人材が確保できなければ、当然、戦略目標が達成できずに、企業競争力も低下することにならざるを得ません。そうならないようにするために新しい志向性のある人材が活躍できる環境を整える、評価制度を見直す、継続的にスキルのアップデートを図るための支援を行うなどのきめ細やかな対応が、これからの人事部には求められます。そういう役割を果たすために、人事部自体が大きく変わらざるを得ないし、変わる努力をしなければいけません。

　経営者や事業本部長や事業部長といった事業のリーダーの人たちと話していると、ビジネスのやり方が変わっていく中で、それに見合った人材が労働市場からも調達できないし、内部からも育ってこない。『このままではビジネスが回らなくなる』という強い危機感がひしひしと伝わってきます。しかし、その危機感をどこまで人事部がきちんと共有しているかとなると……。

　アメリカの優良企業などと比べると、日本企業の人事部は10年から15、6年は遅れているように感じます。例えばタレントマネジメントという言葉が日本で定着したのは4、5年前くらいだと思いますが、アメリカでは2000年ごろには既に戦略に合わせた人材確保という議論がされていました。そのアメリカでは今なお"人事はもっと変わらなければいけない"という議論が続いているのですから、日本の人事部はもっともっと変わる努力をし、人事部主導で現場のタレントマネジメントをリードするくらいの役割を担う必要があります。

　ハーバード・ビジネス・スクールの元教授で、後にGE（General Electric Company）やデュポン、バンク・オブ・アメリカといった世界的な企業の経営アドバイザーを務めたラム・チャラン博士は、2014年に『ハーバード・ビジネス・レビュー』への寄稿の中で、"人事部二分割論"とでもいうような趣旨のことを書いています。人事部は人事異動や給与管理、福利厚生、その他事務作業などを主に行う業務執行系と、経営戦

略に見合った人材の採用や評価、モチベーションの向上、能力開発など
に取り組む戦略人事系とに分けるべきで、前者は人事部から切り離して、
他部門に委譲したり、オートメーション化を図ったり、アウトソーシング
すべきであり、後者はCEOレベル、CHOレベルで管理する必要がある
と論じました。

　CEO（最高経営責任者）とCFO（最高財務責任者）、そしてCHO／
CHRO（最高人事責任者）の3者で会社を回していくというのがアメリ
カの優良企業、先端企業では結構一般的になっていますが、日本の場合は、
まだそういう動きは見られません。

　いずれにしても、日本の10年以上先を行くアメリカの人事部が今なお
『変わらなければ！』という議論をし、変わりつつあるのですから、日本
の人事部も変わるための努力をしなければいけないことは間違いありま
せん。そうしなければ日本企業はグローバルに戦うことができなくなって
しまいます」

---

[2]　株式会社 people first　代表取締役　八木洋介氏

■新しいものを取り入れるために古い人事制度を捨てる

　「10年後、もし戦略人事が定着していないならば、その企業がグロー
バルな競争に勝てないことは非常にはっきりしています。

　口では『戦略人事が大事だ』と言いながら、実際には1960年代にでき
た50年以上前の仕組みや制度を使い続けているのが日本の人事です。ビ
ジネスの環境が大きく様変わりしているのに、実におかしな話です。こ
のままでは人事が機能せず、経営そのものが立ち行かなくなり、日本企
業がグローバル競争に勝てなくなることは、非常にはっきりしています。

　しかし、そんなに悲観することはないと思います。日本企業がこの現
状を黙って見過ごすことはないだろうし、人事にはインテリジェンスレ
ベルの高い人がそろっていますから。

そもそも戦略人事はそんなに難しいことではない。何十年も前に作られた仕組みや制度を捨てればよいのですから、決断すれば簡単に実現することができます。複雑な仕組みや制度を作るのは難しいですが、一度作ったものを捨てるのはとても簡単です。

　著名な経営コンサルタントのラム・チャランが、戦略人事を実行するためにはCEOとCHRO、そしてCFOの三頭体制で取り組まなければいけないと言っていますが、私もそう思います。問題はこの3人、特にCEOないしはCHROが今の人事の在り方ではグローバル競争に打ち勝つことはできないと気づくかどうかです。それに気づきさえすれば、その後の取り組みははっきりしていますので、戦略人事を実行することはそう難しい話だとは思いません。

　仕組みや制度で人を管理しようと思ってはいけないというのが私の持論です。これまで日本企業の多くで導入されてきた人事の仕組みや制度は、さまざまなルールを設けて社員を一律に管理するもので、それは社員の手かせ足かせになるようなものであり、自由度、そして活力を奪うものでした。これでは創造性の時代の競争に勝てるはずもありません。

　大事なことは安心して仕事を任せられる人材を育てて、仕事を任せることです。世界的大企業の名経営者80人以上をコーチしたことで知られるマーシャル・ゴールドスミスが言うように、実力とやる気と自信がある人材を育て、そういう人材に仕事を任せるというのが、これからの組織のあるべき姿です」

---

[3] 株式会社リンクアンドモチベーション　代表取締役社長　坂下英樹氏

■戦略人事実現に欠かせない三つのリンク

　「オペレーション人事から戦略人事へ——これが近年の人事の潮流になっていることは言うまでもありません。この流れが今後さらに加速し、5年後、10年後には定着していると思います。

戦略人事を実現するためには、以下の三つの要素を組織にリンクさせることが不可欠です。

①事業と組織をリンクさせる：オペレーション人事は制度運用、制度に沿った労務管理が主たる業務であるのに対して、戦略人事においては事業戦略を支えるための組織戦略、人事戦略が求められます。そのためには事業戦略を現場に落とし込むための組織戦略を描き、実践することが必要になります。

②未来と組織をリンクさせる：大局観をもって組織創りをし、戦略人事は組織の未来を予測し、活動することが重要になります。オペレーション人事が従業員の履歴など過去のものを管理するのに対し、戦略人事は会社や事業、事業環境の未来を見通して組織創りをし、活動することが求められます。

③数字と組織をリンクさせる：従来型のオペレーション人事は長年の経験や勘に基づいて組織創りが行われていましたが、戦略人事においては可視化・数値化を徹底して、より科学的・合理的な分析や対応が求められます」

---

[4] ProFuture株式会社　代表取締役社長兼CEO　HR総研所長
　　寺澤康介氏

■人事がビジネス戦略のパートナーになるための四つのポイント

　「従来の人事は主として、管理のエキスパートとしての役割を果たしてきたわけですが、これからの人事により求められるのは、ビジネス戦略のパートナーとしての役割です［図表5-1］。日本でも最近、ビジネスパートナーという言葉がよく使われますが、ビジネスに直接貢献する戦略のパートナーとしての役割です。これこそが、これからの人事に圧倒的に求められている役割です。

　どの企業の人事部門も、ビジネス戦略のパートナーへの転換の必要性

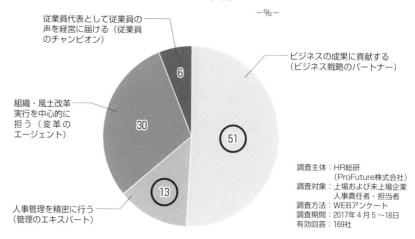

[図表5-1] 今後の人事部門に最も求められる役割

従業員代表として従業員の
声を経営に届ける（従業員
のチャンピオン）

ビジネスの成果に貢献する
（ビジネス戦略のパートナー）

組織・風土改革
実行を中心的に
担う（変革の
エージェント）

人事管理を精密に行う
（管理のエキスパート）

6

30

51

13

-％-

調査主体：HR総研
　　　　　（ProFuture株式会社）
調査対象：上場および未上場企業
　　　　　人事責任者・担当者
調査方法：WEBアンケート
調査期間：2017年4月5〜18日
有効回答：169社

を痛感しています。グローバルスタンダードとの比較から、独特な人材マネジメントの慣行を持つ日本の人事の在り方は"ガラパゴス"などと揶揄されるようになっていて、変わらなければという気持ちは強いものの、どこから手をつけてよいのかが分からないため、多くの企業、多くの人事部が変われずにいるのが現状です。

　では、人事部はどう変わるべきなのか。10年後、次世代の人事に求められるのは四つあると考えています［図表5－2］。変化への対応、成果の見える化、テクノロジーの活用、そして個人へのフォーカスの四つです。

①変化への対応

　ビジネスを取り巻く環境の変化が非常に早くなっているので、その変化に柔軟に対応できる人事が求められています。戦後の高度経済成長期に形づくられた人事の仕組みがあまりに強固であるがゆえに、バブル経済崩壊後の日本企業は変化への対応が非常に遅れてしまった。基盤となる人事の仕組み自体を変えるのは多大な労力が必要ですが、ビジネスの環境変化に合わせて柔軟に対応できる人事を目指すことが大事です。一例として、一律的な職能資格制度を、職種によって柔軟に変えることも

[図表5-2] 人事が今後10年程度の間に対応しなければならない重要事項（複数回答）

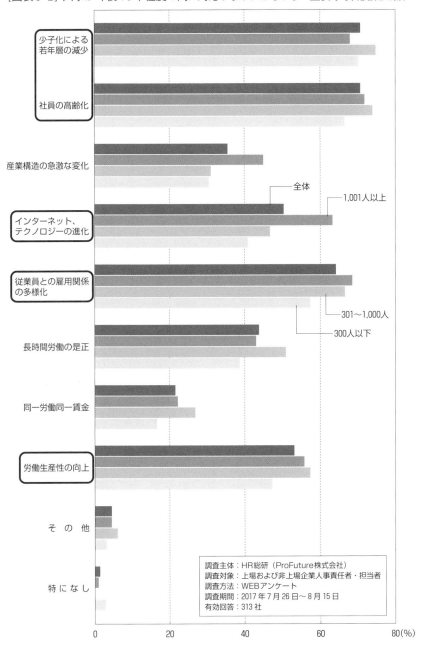

調査主体：HR総研（ProFuture株式会社）
調査対象：上場および非上場企業人事責任者・担当者
調査方法：WEBアンケート
調査期間：2017年7月26日～8月15日
有効回答：313社

必要でしょう。

②成果の見える化

　次は、経営に対する人事の成果の見える化です。人事にビジネスへの貢献が求められるといわれますが、その貢献度、人事の成果が目に見えるようにすることが大事です。ビジネスの在り方によって人事の成果の在り方は全然違ってきますが、いろいろなデータ分析を駆使してその成果を可視化することが、これから求められてきます。見える化の一例としては、企業業績との相関関係が高いといわれる従業員エンゲージメントのスコア化があります。もちろんそれだけではなく、業績と人事関連データとの相関をさまざまな角度から分析し、自社のビジネスに合った人事の貢献度の見える化を図ることが大切です。

③テクノロジーの活用

　あらゆる産業、あらゆる業務にネット、テクノロジーの影響が色濃くなっていますが、人事領域もその例外ではありません。変化に柔軟に対応するためにも、成果の見える化を図る上でも、そして人事業務の効率化を図る上でも欠かせないのがテクノロジーの活用です。今まさにAIを含めたHRテクノロジーが人事のさまざまな領域で進んでいますが、これらを積極的に活用していくことがこれからは不可欠です。何よりテクノロジーによって代替できるオペレーション的な業務を効率化、スピード化し、人事が最も重要である戦略的な業務、例えばビジネスに貢献する組織デザインに集中できるようにすることが大切です。

④個人へのフォーカス

　最後の一つが『個人へのフォーカス』です。従業員一人ひとりにフォーカスした人事というのが現在の大きな潮流であり、今後ますます大事になってくるでしょう。これまでの人事の発想は従業員全員を公正、公平に扱い、なるべく例外をつくらない画一性が大原則であったと思います。しかし、これからは多様な人材一人ひとりに対応していくことが求められてきます。極端な話、一人ひとりと個別に雇用契約を結ぶような対応が求められて

くることになると思います。多様な才能を活かして成果を上げることこそが人事マネジメントの終着点になってくるでしょう。従業員が多い大手企業の場合、そこまでのきめ細かい対応はこれまで困難でしたが、HRテクノロジー、AIの進化によって、それが可能になろうとしています」

---

[5] 株式会社ライフシフト　CEO　徳岡晃一郎氏

■エイジフリーな社内文化を創造する"思いのマネジメント"

　「"80歳現役"を実現するためのライフシフトというと、どうしても50代超の高齢者の活用に意識が集中しがちだが、そこだけにフォーカスしてしまうと本質を見誤ってしまいます。

　高齢化への対応というと、すぐに思いつくのが単純な定年延長ですが、これは企業として一番やってはいけないことです。きちんとしたキャリアゴールを明確にせず、知の連続再武装、シニアの役割設定もせずに、定年を延長すれば、ただズルズルと働き続ける人が増えるだけで、それは会社にとっても本人にとっても不幸なことです。副業や兼業の禁止、管理職任命の後ろ倒し、一律の役職定年制も、言ってみれば社員を飼い殺しにするようなものなので、やってはいけません。

　高齢者が居座り続けることなく、かつ20〜40代の社員が活きる仕組みにしなければ、組織がうまく回りません。そのためには年齢リンクの役割体系、賃金体系を見直し、年齢にこだわらないエイジフリーな社内文化をつくらなければ、組織がギクシャクしてしまいます。そうしたエイジフリーな社内文化を創造するための一つの考え方として提唱しているのが、『人間力』や『共感力』をベースにした"思いのマネジメント"（MBB／Management By Belief）です。

　年齢の違いだけではなく、グローバル化、ダイバーシティ化が進み、一つの職場に老若男女さまざまな人が混在するようになります。それぞれ働く動機も違いますし、企業に対する忠誠心も異なります。そういう

職場をどうすればマネジメントできるかといえば、最後にものをいうのは
『人間力』や『共感力』といった人をつなぐ力です。

　経営学者のピーター・ドラッカーが提唱した目標管理制度（MBO／
Management by Objectives）をベースにした成果主義の下では、目
先の問題を解決して成果を上げることができる知識やスキルが人材育成
の大きな主眼でした。しかし、知識やスキルの多くがAIやロボットに代
替される時代になると、最後に求められるのは人間をどうモチベートす
るか、どう協働してもらうかという能力、すなわち『人間力』や『共感力』
といった『感情の知』をいかに高めることができるかということになりま
す。そこでMBOからMBBへの転換を図ることが必要だと考えています。

　人間力、共感力を高める方法はいろいろあると思いますが、一番大事
なのは"高質な思い"を持つことだと考えています。こういう職場にした
い、こういうふうにみんなを元気にしたい等、未来に対してしっかりとし
た考えを持つこと。その思いを相手に伝えるコミュニケーション力も大
切です。高質な思いとコミュニケーション力があれば、周りの人たちを『あ
の人と一緒に働きたい』『あの人に付いていこう』という気にさせること
ができる。それこそが『思いのマネジメント』なのです。

　家族経営に通じる部分がありますが、これから先どういう会社をつく
りたいか、これから先どう生きたいかというように未来に軸がある点が家
族経営と大きく違うところです。MBBをベースにエイジフリーの社内文
化を醸成するのが、これからの人事部にとって大きな課題になってきます。

　その役割を果たすために、人事担当者一人ひとりにはトップの思いを
引き出したり、現場と思いを共有したり、また管理職に高質な思いを持っ
てもらうための共感力やコミュニケーション力、大きくいえば人間力が求
められます。

　"高質な思い"は、企業に当てはめればビジョンということになります。
人生100年時代を見据えたビジョンを持って人材を育成、活用できる企
業は、人生100年時代にも成長していくことができる。しかし、そうい

うビジョンのない企業は今後の成長は期待できないと言わざるを得ません。

　これからの10年がその勝負の分かれ目だと思いますが、残念ながらそういうビジョンを持った人事部はほとんどありません。

　人事部の役割が大きく変わろうとしているにもかかわらず、人事管理はどうあるべきか、企業のカルチャーはどう変わるべきか、人事部はどうあるべきかをきちんと議論している企業はほとんど見当たりません。日本流の年功序列型の人事制度が破綻して、アメリカ流の成果主義に飛びついた結果、目先の成果を上げることに汲々とするようになり、オープンイノベーションの時代に逆行するような風潮が蔓延しています。そういう現状をきちんと分析し、これからの時代の『成果』とは何なのか、そういう成果を上げるには、どうすればよいのか、人工知能革命時代のカルチャーとは……こうした本質的なことを研究すべきなのに、それがまったくできていません。給与体系も雇用体系も変える必要があります。社員をモチベートする方法を研究する心理学者や、AIやHRテクノロジーに詳しい研究者など人事をエンジニアリングするのに必要な各分野のスペシャリストも交えて、人事部がこれからの在り方を根底から見直すような真剣な議論が必要だと考えています。

　デジタル化、AI化などで人事が大きな転換期を迎えつつある今こそ、各企業がそれぞれHR研究所みたいなものをつくったり、Chief Culture Officer（CCO）を育て、これからの人事、これからの人事部がどうあるべきかを研究すべきだと思います」

楽天ピープル&カンパニー研究所

ウイニングカルチャーを科学的に分析し、組織に取り込む

■技術研究所の組織・人材版

　2018年10月1日、楽天株式会社は楽天グループの新たな研究機関として楽天ピープル&カルチャー研究所を設立した。同研究所は、組織と個人の新たな関係性と未来の企業文化に関わる革新的なインサイト（洞察および発見）とソリューションの創出を目的としている。外部有識者で構成するアドバイザリーボードは、グローバルでの戦略人事、ピープル・アナリティクス、医学、脳科学、経営学、言語学、スポーツなど、多様な分野の専門家によって構成されている [図表1]。

　同研究所の研究領域は、人材、組織、企業文化に関するテーマ全般である。例えば、エンゲージメント、EVP（Employee Value Proposition：従業員への価値提案）、ウェルビーイング、ウイニングカルチャー（スポーツで常勝集団といわれるようなチームが持つ組織風土）、テクノロジードリブンカルチャー（エンジニア人材とビジネス系人材間の円滑なコミュニケーションを実現する企業文化）、CQ（Cultural Quotient：文化の知能指数）など多岐にわたる [図表2]。アドバイザリーボードとの定期的なセッション、グローバ

[図表1] アドバイザリーボードのメンバー（2018年10月1日時点）

Larry Emond氏（Gallupマネージング・パートナー／組織人事）
八木洋介氏（株式会社people first代表取締役／戦略人事）
中竹竜二氏（株式会社チームボックス代表取締役／ウイニングカルチャー）
石川善樹氏（予防医学研究者・医学博士／ウェルビーイング）
永山 晋氏（法政大学経営学部 准教授／クリエイティビティ）
Tsedal Neeley氏（ハーバードビジネススクール教授／組織行動学）

研究領域

人材、組織、企業文化など人事に関する包括的なテーマ
例えば…

エンゲージメント

個人と組織が一体となり、
双方の成長に貢献しあう関係

ウェルビーイング

身体的、精神的、社会的に
良好な状態であること

ウイニングカルチャー

スポーツで常勝集団といわれるような
チームが持つ組織風土

EVP

Employee Value Proposition
の略。企業が従業員に提供できる
価値のこと

CQ：文化の知能指数

Cultural Quotientの略。文化的
背景が異なる環境で、効果的に成
果を出すことができる能力のこと

**テクノロジー
ドリブンカルチャー**

エンジニア人材とビジネス系人材間
の円滑なコミュニケーションを実現
する企業文化

ルでの楽天グループ内データを活用した仮説実証および方法論の開発、海外での先駆的な情報の収集と発信活動を通じて、人事戦略と組織開発に特化した革新的な理論の確立を目指していく。

　同研究所の代表には、グループ全体かつグローバルでの組織開発と理念共有を統括する日髙達生氏（楽天株式会社 コーポレートカルチャーディビジョン エンプロイー・エンゲージメント部 ジェネラルマネージャー）が就任（兼任）した。コーポレートカルチャーディビジョンは、楽天グループ内外のステークホルダーと会社の信頼関係を深めていくことをミッションとしており、エンプロイー・エンゲージメント部は、組織開発にフォーカスして現場の組織課題の解決支援や全社的に理想的なカルチャーをつくり出していくための企画と実行を担っている。いわば、「楽天ピープル&カルチャー研究所」は、エンプロイー・エンゲージメント部の業務そのものを研究開発の面から推進していく役割を持っているわけだ。

　日髙氏は、グローバルな視点から組織開発と理念共有を図ることを実践するため、自ら進んでRakuten Asia Pte. Ltdに籍を移し、

家族ともどもシンガポールに移住した。1カ月のうち3分の2はシンガポールで働き、ワールドワイドに活躍する日高氏に、楽天グループの本社「楽天クリムゾンハウス」（東京都世田谷区玉川）で話を聞いた。

「楽天の中には、既に楽天技術研究所がありまして、その名のとおりAIやブロックチェーンなど、楽天グループのサービスのコアとなる基礎技術の研究開発を担っています。もともと楽天は人やカルチャーに非常にこだわってきた会社ですので、それに特化した研究所の設立を提案したところ、三木谷（三木谷浩史代表取締役会長兼社長）も『そうだね、やろう』と、すぐに決まりました。そういう意味では、この研究所は技術研究所の組織・人材版といえます」

前述したように、同研究所のアドバイザリーボードには多彩な専門家が名を連ねている。これらアドバイザーと日高氏をはじめとする研究所のメンバーは四半期に一度ミーティングを開き、毎回二つのテーマ“コーポレートカルチャーディビジョンとして取り組むべき直近の課題と、今後取り組むべき研究課題”についてディスカッションを行い、それらを研究所の活動に活かしている。よく知られているとおり、楽天は英語を社内公用語にしており、ディスカッションはすべて英語で行われる。

■組織と企業文化／カルチャーに軸足

楽天ピープル＆カルチャー研究所の研究領域は、“人材、組織、企業文化に関するテーマ全般”と幅広い。これまでのところ、その活動内容は組織と企業文化／カルチャーに軸足を置いており、そうした研究から得られた知見をゆくゆくは自社だけではなく、世の中に還元していくことを視野に入れている　[図表3]。

同研究所がカルチャーに焦点を絞ったのは、楽天グループにはさまざまな背景や国籍の従業員が在籍しており、異なる価値観への尊

[図表3] 研究結果の共有・発信までのプロセス

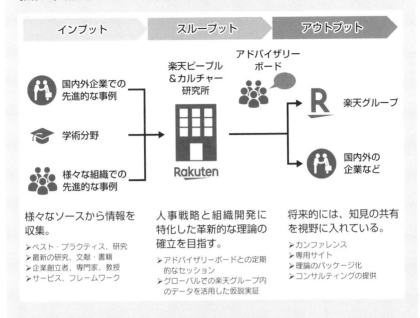

様々なソースから情報を
収集。

➢ベスト・プラクティス、研究
➢最新の研究、文献・書籍
➢企業創立者、専門家、教授
➢サービス、フレームワーク

人事戦略と組織開発に
特化した革新的な理論の
確立を目指す。

➢アドバイザリーボードとの定期
　的なセッション
➢グローバルでの楽天グループ内
　のデータを活用した仮説実証

将来的には、知見の共有
を視野に入れている。

➢カンファレンス
➢専用サイト
➢理論のパッケージ化
➢コンサルティングの提供

重や、求心力を保ちつつシナジーを最大化する「グローバルで共通
するカルチャー」の醸成が不可欠になっているという背景があるか
らだ。

　「人材開発や人事制度の在り方については、既存の人事専門部署や
HRベンダーが積み上げてきている領域です。また、組織開発やカル
チャーの領域は、戦略の一部としてビジネスモデルや経営スタイル
との相互影響がますます大きくなっており、さらには新卒・中途に
かかわらず会社を選ぶ際の選択軸に"組織風土"が入っている時代
でもあります。そこで、楽天ならではのテーマ設定、すなわち、自
社のビジネスモデル（楽天エコシステムの価値の最大化）にとって
親和性が高く、重要で、まだあまり科学されていない組織開発やカ
ルチャーに焦点を当てた活動をしていくことにしました」

　これまでの具体的な活動実績として、日髙氏は2019年6月に日

経BPから2019年に出版した『FCバルセロナ 常勝の組織学』（ダミアン・ヒューズ著、翻訳：高取芳彦、解説：中竹竜二）を挙げる。スポーツ心理学者で組織改善コンサルタントでもある著者が、世界屈指の強豪サッカークラブの秘密を組織文化の視点から解き明かした全364ページの労作である。

「研究所を設立するときに三木谷から一つだけリクエストがありました。楽天がパートナーシップを結んでいるFCバルセロナのウイニングカルチャーをきちんと分析して、それを楽天の中に取り込めないか検討してほしいということでした。

いろいろ調べる中でダミアン・ヒューズというスポーツ心理学者が2018年にヨーロッパで『The Barcelona Way』という本を出版していることが分かり、すぐに彼に会いに行き、アドバイザリーボードのメンバーである中竹竜二さんに当社が編集協力をさせていただいたのが『FCバルセロナ 常勝の組織学』です。

ウイニングカルチャーは、心理的安全性への関心が高まっている今の日本企業にとって、持続可能な経営を実現する上で非常に重要だと思います。継続的に成果を出せる常勝集団としての心構えや仕事の仕方があり、同時に所属先との信頼関係が構築されている職場が理想と考えます。つまり、どちらかに偏っていては持続可能ではないということです。今後は海外の大学やFCバルセロナのコーチ陣ともさらに連携を深め、ウイニングカルチャーの研究と啓発手法の開発を進めていきたいと考えています」

■注目のキーワードは「EVP」

カルチャーの研究をさらに進めていく上で、日髙氏が注目しているキーワードの一つがEVP（Employee Value Proposition）である。従業員への価値提案、すなわち企業として従業員へ提供できる価値のことだ。

「企業理念」は、従業員にその理念への共感を求めるものであり、「行動指針」は従業員にそれを守ることを求めるもので、いずれも会社の視点で語られ、従業員に対する企業の期待、従業員に求めるものを明文化したものだ。EVPはそれとは真逆で、企業が従業員に提供を約束する価値（Value）を明文化したもの。日髙氏は「従業員に対するマニフェスト」と表現する。

　「EVPとは、うちの会社で働いてくれたら、こういう価値を提供しますよという従業員に対するマニフェストであり、コミットメントです。海外の企業、特に採用競争の激しい大手企業はみな企業理念とともにEVPを言語化していて、それを採用のプロセスでも応募者に訴求しています。採用後はリテンション・マネジメントの一環として、従業員がEVPを実感できるようなエンプロイー・エクスペリエンス（従業員が組織や会社の中で体験する経験価値）をデザイン——例えば、EVPを体感できるさまざまなイベントを企画するなどしています。

　日本でもEVPを言語化し採用からリテンションまで一貫して取り組む企業が出てきましたが、まだ数えるほどです。全体的に未着手ですが、これから概念自体が広まり、大いに注目されるテーマになると考えています」

　今後EVPが注目される理由は、企業と従業員の関係性の変化にあると日髙氏は言う。従来は、企業や組織、仕事、上司に対する最大限の貢献を従業員に求める一方向のベクトルに沿って、さまざまな人事施策が構築されてきた。一言で言うならば、いかにして従業員のモチベーションを上げて貢献を引き出すかがポイントになっていた。企業理念や行動指針もそのベクトルで明文化されたものにほかならない。

　ところが、今や人事のトレンドは「モチベーション」から「エンゲージメント」へと変わってきている。人事におけるエンゲージメント

とは、個人と組織がより対等の関係にあって、互いの成長に自律的に貢献し合う関係のことをいう。

　「エンゲージメントは、企業と従業員の絆、両者の信頼関係があって初めて成立します。従業員に対して一方的に企業への貢献を求め、そうした貢献に対して、それに見合う給与を払うという従来の関係、いわば主従関係の下では成立しません。

　そうしたモチベーションからエンゲージメントへと組織における従業員との関係性が変わっていく中で、EVPをきちんと言語化し、それと同時に、従業員がEVPを実感できるエンプロイー・エクスペリエンスを用意していくことが極めて重要になってきます。求職者や従業員から選ばれる企業になるためにはEVPがとても大事になってくるのです」

■若者をリスペクトするようなカルチャーが求められる

　EVPを掘り下げていくと、これからの人事部に求められる機能、人事担当者に求められる資質が見えてくる。マーケティング機能であり、マーケティングの資質だ。

　「EVPを言語化するということは、自社の強みや独自性をブランディングすることにほかなりません。EVPを社内外に訴求するのはプロモーションであり、要はマーケティングそのものです。EVPが大事になればなるほど人事部にはマーケティング機能が求められるようになりますし、人事担当者にはマーケッターとしての資質、視点が求められるようになってくるのは必然です。私自身、今の部署にマーケッターを採用したいと思っているところです」

　マーケティングの視点も含め、10年後の人事部は大きく変化せざるを得なくなると日髙氏は予想する。10年後には、かつてとは大きく趣の異なる21世紀型教育を受けた、現在の会社の主力とは大きく考え方の異なる世代が新卒として会社に入ってくるからだ。

「最近の私立中学校の説明会に行くと"21世紀型教育"という言葉を頻繁に耳にします。従来の詰め込み型教育ではなく、自ら問いを立て、考え、答えを見つけ出すという授業をしていると父母に対して一生懸命に訴求しています。もう一つは異文化体験で、全員参加の海外研修や海外からの交換留学生の受け入れを通じて、英語教育にも力を入れていることをアピールしています。10年後には、そのような21世紀型教育を受けてきた新卒者が入社してきます。先輩社員が知らないことまで知っていたり、上司が経験したことのない異文化体験を数多く経験していたりするわけです。一方で外部環境の変化により先輩社員や上司の成功体験が通用しないどころか、それがボトルネックにさえなってくることもあり得ます。10年後にはそういう時代になっているはずです。

　そういう新入社員を受け入れ、活用するためには、従来の年功的なカルチャーを捨て去り、若者をリスペクトするような、思い切った言い方をすれば世代間ヒエラルキーを逆転させるようなカルチャーをつくっていくことが重要になってきます。ダイバーシティ&インクルージョンの未来型ともいうべきカルチャーです。それを率先するのが人事部の役割であり、そのためには人事部自体のカルチャーを大きく変える必要があります。具体的にいえば、正確なオペレーションの要を担う"守り"を維持しつつ、一方で"攻めの人事"にも触手を伸ばし、さまざまな挑戦をしていくことが必要になると思います」

　具体的には、ビジネスに貢献し、経営戦略をリードする組織づくり、人材育成を支援する戦略人事への転換、選ばれる企業になるためのマーケティング機能の充実、新たなテクノロジーの活用、脳科学や生物学などの視点からの組織づくり、環境づくりといった新たなアプローチが挙げられる。

　「これからの人事には非常に多様なものが求められるので、一番勉強のしがいがあるというか、やりがいのある領域になってくると思い

ます。私自身は、その中でもとりわけカルチャーをライフワークに
掲げています。カルチャーというのはケース・バイ・ケースで変わ
るので、正解がなくなかなか難しいのですが、カルチャーの領域を
科学し普遍的な型を見いだしていくことで、最終的には当社だけで
なく世の中の働くすべての人のCQ（Cultural Quotient／多様性に
適応する力）を高めることに貢献できればと考えています」

　楽天の楽天ピープル＆カンパニー研究所のほか、本書ではソフトバン
クの未来実現推進室（未来探索チーム／将来像検討チーム）、日立製作所
のヒューマンキャピタルマネジメント事業推進センタ／ピープルアナリティ
クスラボ、サイバーエージェントの人材開発センターなどにも触れたが、
従来の人事部の内外に半歩ないし1歩先行く人事の在り方を研究、実験
する専門組織をつくることが、今後の一つの潮流になるかもしれない。

3　人事担当者に求められる資質

　人事部の役割が変われば、当然のことながら人事担当者の役割も変わる。間接部門の一担当者という意識ではとても務まらない。戦略人事を推し進めてより直接的に経営に貢献することが求められるし、日進月歩で進歩するテクノロジーを使いこなしてデータと科学に基づくデータドリブンな人事の推進役となることが求められる。勝ち続けるための組織デザインや企業文化の醸成もその役割になる。責任はより重くなる。

　求められる役割が変われば、人事担当者として求められる資質も当然変わってくる。人事担当者は社内でも保守的だとよくいわれるが、今後は率先して変革を進めていくような革新性や進取の気風といったものが求められるようになる。

　『労政時報』に連載した「10年後の人事部」（全20回）では、取材の最後に必ず「10年後の人事担当者に求められる資質は？」と質問してみた。

　人事の専門家たちの回答を基に、以下、10年後の人事担当者にどのような資質が求められるのかをまとめた。

---

[1] 戦略人事を実践できる資質

---

(1) 戦略的シナリオを描く力
　　株式会社パーソル総合研究所　コンサルティング事業本部長　佐々木聡氏
　　コンサルティング事業本部 コンサルティング部マネジャー　西尾紗瞳氏
　「経験と勘、記憶のオールド 3K に頼っていたのでは、自社のすべての人材、すべてのタレントを把握することなどできません。そして、ピープルアナリティクスを推進するためには、AIやクラウドをはじめとするさまざまなテクノロジーを駆使した客観性、傾向値、記録のニュー 3K が

不可欠となります。

　そのときに大事なのが、まずしっかりとしたシナリオを描くことです。新しいテクノロジーを入れて人事のデジタル化を図ろうとしても、きちんとした戦略的シナリオがなければ効果的なタレントマネジメントはできません。

　人事のデジタル化は、まずデータを収集し、蓄積するところから始まります。しかし、きちんとしたシナリオがないと、どのようなデータを集め、蓄積していけばよいのかさえも分かりません。企業の経営者や人事担当者から、『採用時の適性検査やES調査（従業員満足度調査）、360度評価のデータがあるのですが、これを使って何ができるでしょうか?』というような問い合わせをいただくことがありますが、手段と目的が逆になっています。何のために適性検査を実施するのか、どういう目的でES調査をするのかというシナリオが描けていないと、効果的なタレントマネジメントもできないし、戦略人事も実現できません」（西尾氏）

　「そのため、これからの人事に求められるのは、事業のことを理解した上で、全体最適のシナリオを描くことです。個々の人事担当者についていえば、人事のことしか分からない"人事プロパー"ではなく、事業人事、あるいは事業現場での経験があって、事業の視点が身に付いている人材であることが求められるようになります。

　事業部に就くBP（Business Partner）を増やす一方で、事業部と本社人事部の交流を促進し、その両方が分かる人材を育てることが大事です。当社の人事を担当しているコーポレート部長はBPとして事業人事を担当していたキャリアの持ち主ですが、こうした人材の重要性は増していくと思います」（佐々木氏）

(2)組織をプロデュースする企画力
　　株式会社リンクアンドモチベーション　代表取締役社長　坂下英樹氏
　「人事管理はオペレーション業務だけではもはや立ちゆかなくなってい

ると思います。グローバル化が進んで多様な価値観が入り交じるビジネス環境の中で、組織を最適に活かすためのプランニングを行うことこそが、これからの人事にとって最も大切なことだと思います。それがすなわち戦略人事です。

　見方を変えれば、従業員一人ひとりの持ち味を把握し、会社の風土を理解し、それを事業戦略につなげていくための企画力、プロデュース力こそが人事に求められるようになってくると考えています。オペレーション人事には、その時代その時代で一つの答えみたいなものがありましたが、戦略人事の時代には、すべての会社に共通するような答えはありません。それだけに余計に人事の企画力、プロデュース力が必要になるのです」

[2] 人事が経営を担うという気概

　ビジネスに精通していることはもちろんだが、それよりも人事部が経営を支えているのだというくらいの気概を人事担当者一人ひとりが持つことが大切だという指摘も多く聞かれた。

(1)HRは最も大事な経営戦略部門だという気概
　　株式会社日立製作所　人財統括本部 システム＆サービス人事総務本部
　　担当本部長　髙本真樹氏

「HRは最も大事な経営戦略部門だと思っています。人なくして事業は成り立たないのですから。しかし、口先だけで『HRが大事だ』と言ってもダメで、自分たちの仕事の成果をきちんとデータで自己検証し、経営層にもアピールして投資を引き出す、そういうことが求められる時代になっています。AIなどへの投資を行ってスピーディーに必要なデータを分析し、適切な経営判断がデジタルにできるよう支援する、それがこれからのHRのあるべき姿だと思いますし、人事担当者には、HRは最も大事な経営戦略部門だという気概を持って仕事に励んでほしいと思っています」

(2)人事のプロとして人で経営するという信念を持つ

株式会社people first　代表取締役　八木洋介氏

「戦略人事の下では、『私がいるから、この会社は将来にわたってサスティナブルに存続できるんだ』というくらいの気概を人事担当者が持っていないといけません。しかし、残念ながらそういう気概を持っている人事担当者はそう多くないように見えます。人事がやりたくて会社に入ってくる新卒者などほとんどいませんから、それは仕方のないことです。私自身、日本鋼管に就職して3年目に人事への異動を命じられたときは『人事をやるために鉄鋼会社に入ったのではありません』と上司に反論したものです。以来、人事の仕事を長くすることになるのですが、途中から少しずつ人事の重要性が分かるようになり、人事の仕事に誇りを持てるようになってきました。

その後、GE横河メディカルシステム、GEメディカルシステム・アジア、GEマネー・アジアなどで人事責任者の仕事に携わり、2009年にはGEジャパンの人事を担当しましたが、この頃には『人事のプロとして人で経営する』『人でGEという会社を勝たせる』『人こそがこれからの経営を差別化する一番大切なリソースだ』という信念を持つようになっていました。

そういう信念を持つと、自分はこの会社をどうしたいのかと考えるようになり、そのために人事は何ができるかと考えるようになります。そうすると自分がやっていることが会社の戦略と連動していることが感じられるようになりますし、会社に貢献していることも実感できます。人事の仕事にやりがいや誇りを持つことができるようになるのです」

---

[3] エンジニア的資質

10年後の人事部が、HRテクノロジーを駆使したデータドリブン型に大きく変化していることは誰もが指摘するところだ。AIやICT（情報通信技術）の日進月歩の進歩を考えれば、それは当然のことといえる。そ

ういう時代にあっては、人事担当者にもまたプログラマーやITエンジニア、データアナリストやデータサイエンティストのような資質が求められるようになるという見方があるが、それ自体はあまり必須の資質ではなさそうだ。

(1)人事担当者は頭の切り替えが必要

株式会社カオナビ　カオナビHRテクノロジー総研所長　内田壮氏

「これからの人事担当者には新たな人事システムやHRテクノロジーを使いこなすことが求められます。『使いこなす』ということは、具体的には以下の三つにブレークダウンできます。一つ目はいいサービスを見つけること、二つ目はそのサービスを使った現場の業務フローを描くこと、そして、三つ目がその業務フローをちゃんと回せるように関係者に新たなサービスの使い方を周知徹底することです。

いいサービスを見つけるためには情報収集力が必要であり、業務フローを描くという部分では企画力が必要です。関係者に周知徹底するにはコーチングスキルやコミュニケーション能力が求められます。新たな人事システムやHRテクノロジーが今後ますます多様化し、進化していく中で、人事担当者にはこれらの能力が求められるようになってくるでしょう。

一方で人事担当者にとって、テクノロジーやプログラミングの専門知識、データ分析の専門知識などはあまり重要ではないと思います。『カオナビ』もそうですが、これまで難しかった仕組みもテクノロジーの進歩によって、専門知識がなくても誰もが簡単に使いこなせるようになります。この点はサービスを提供する側の責務として求められることになるでしょう」

(2)デジタルツールを使いこなすリテラシーは必須

ワークデイ株式会社　業務執行役員 マーケティング本部長　荒井一広氏

「SaaS型クラウド型人事アプリケーション『Workday HCM』を提供している立場からいうと、提供するサービスの精度は高くなければいけ

ないわけですが、同時にシンプルでなければいけない。われわれが提供しているサービスを利用するために、人事担当者がわざわざ専門的な知識を学習しなければならないような状況をつくり出してはいけないと思っています。その意味からすれば、人事担当者にとってデータ解析の専門知識などは必ずしも必須の資質ではないといえます。

　ただ、私どものお客様の中には人事部門に情報システムや情報技術に精通する人材を配置している例もあります。人事に限らず、いろいろな分野にデジタルツールが入り込んでいるので、そういうツールも使いこなせないと戦略が立てづらい状況になっていることは間違いありません。ですので専門知識はともかくとして、デジタルツールを使いこなすことができるリテラシーは必須だといえます」

(3)人事のことが分かり、データも読める人材をどうするかが課題

　　株式会社パーソル総合研究所　コンサルティング事業本部長　佐々木聡氏

　「人事担当者に、データサイエンティストやデータアナリストのような専門性を求めるのは無理があります。かと言って、専業のデータサイエンティストは人事のことが分からないので、人事部門に配属してもせっかくの専門知識を発揮できません。ただし、人事のことが分かっていて、データもある程度読めるというような人材は世の中にはほとんどいません。この点をどう解決するかは、今後の課題の一つです」

　テクノロジーの専門知識、データ解析等の専門知識は必要に応じて社内外の専門家に任せればいい。しかし、テクノロジーやデータ解析の専門家は人事のことが分からない。テクノロジーのことも人事のことも分かる人材を育成するには時間がかかる。その両方に通じている専門家は社外にもそうはいない。人事担当役員や人事部長にとって頭が痛いのはまさにこの点だといえるだろう。

　そういうことからすると、人事の専門家とテクノロジーやデータの専門

家の橋渡しができるリテラシーこそが、これからの人事担当者に求められる重要な資質といえる。

　橋渡しができるリテラシーとは、双方の知識をそれなりに理解していることもさることながら、人事担当者としての明確な問題意識や目的をきちんと持っているということでもある。

　明確な問題意識、明確な目的を持っていなければ、社内外の専門家たちを思いどおりに活用することができないからだ。

---

[4] 人間力

　「10年後の人事担当者に求められる資質とは？」という質問に対して、人事の専門家20人がほぼ例外なく挙げたのが「人間力」だった。

　AIやHRテクノロジーの導入によって人事の個別最適化が可能になり、一方でグローバル化やダイバーシティの浸透で多様な国籍、宗教、性別、年齢の社員が共に働くようになり、その働き方もまた多様化するにつれ、社員一律の人事ではなく、社員一人ひとりに寄り添った人事が重要になる。

　そのような人事を行うに当たって、人事担当者に何よりも求められるのは「人間力」だと人事の専門家たちは口をそろえる。

(1)個別管理で人事の役割はますます重く、企業の存続を左右する
学習院大学経済学部経営学科教授　守島基博氏

　「テクノロジーのエンジニアとしての素養よりも、ビジネス環境の変化を敏感に読み取り、自社の経営ビジョン・経営戦略を的確に理解し、それを基にHRテックに入力するデータを精査したり、取捨選択したりといった力、HRテックやAIが導き出した結果を基に人間味のある判断、決断をする力こそが求められます。

　人口そのものが減っていく中で、女性や高齢者、外国人も含めた多様な人たちに戦力になってもらわなければいけないので、一人ひとりの多

様なニーズに対応できる丁寧な人材マネジメントが求められる時代になります。それが人事の重要な仕事になるので、そういうことができる人事部、それができる人材こそがこれからは求められると思います」

(2)社内で一番魅力的な人が人事担当者になるべき

Institution for a Global Society株式会社　代表取締役社長
福原正大氏

「どれだけAIが進化しても、生き物としての人間が持っている感情や感性、動物的な勘みたいなものも含めた人間力を超えることはできないと思うので、人事部の仕事の仕方が大きく変化しても、人事担当者に求められる資質は大きくは変わらないと思います。

ロジカルなことはAIに置き換えられてしまうので、人事担当者に求められるのは社員の感情的・感覚的なものに寄り添う力、すなわち人間的魅力、人間力だと思います。人事パーソンには会社の中で一番人間的に魅力ある人がならないと、人事部は機能しません。人間的魅力を発揮して社員をモチベートすることが、人事担当者の究極の仕事になると思います。テクノロジーがどれほど発達しようと、その領域はAIやロボットでは決して担えませんから」

(3)データで測れない「エモーショナル・インテリジェンス」の重要度が増す

日本アイ・ビー・エム株式会社　人事 理事／HRパートナー担当
山口俊一氏

「データそのものを分析するリテラシーにも増して、データを取り扱う前の課題意識や、データを使って課題を解決するためのセンスが重要です。10年後には、そのようなセンスの持ち主しか人事をしていないのではないでしょうか。

また、データだけでは測りきれない人間の感情を理解したり、共感したりするエモーショナル・インテリジェンスも同じくらい重要になるでしょ

う。10年後には、制度の設計やプロセスの維持管理に長けることよりも、エモーショナル・インテリジェンスを持つことが、人間が人事業務に携わることの重要な価値になると思います」

(4)人間にしかできないヒューマンな対応が大事に

ProFuture株式会社　代表取締役社長兼CEO　HR総研所長
寺澤康介氏

「テクノロジーがどんどん導入されて、オペレーション業務がより効率化、個別化されるようになると、人間にしかできないヒューマンな対応が大事になってくることは間違いありません。例えば、1 on 1 ミーティングのようなものを通じて社員一人ひとりにコンサルティングしたり、サポートしたり、そういう人間にしかできないケアがより重要度を増すと思います。

　採用を例にとると、オンライン面接やAIでマッチングの精度を高めたとしても、最終的に相手を惹きつけ、入社を決断させることができるのは人間です。採用担当者のヒューマンな対応、いうなれば、一人ひとりに寄り添った個別の対応、相手のハートに訴えかけるような対応ができるかどうかが非常に大事になります。採用を例にとりましたが、ヒューマンな対応の重要性は採用のみならず、すべての社員に対して当てはまることであり、企業全体でそのような対応ができるかどうかがますます大事になってくると思います」

(5)一人ひとり、個に寄り添う人事でありたい

株式会社日立製作所　人財統括本部 システム&サービス人事総務本部
担当本部長　髙本真樹氏

「マスで管理するHRの時代は終わり、"個に寄り添う"HRにならないとこれからの時代はHR部門として成果を出すのは厳しいと考えます。社員としっかり向き合わない、つまり、人を大事にしないような会社に人財

が集まるはずがない。もはや人財確保における企業の優位性は、給料や企業規模などの単純な問題で決まるものではありません。今の若い人たちが会社選びで大事にしているのは、自分がイキイキと働ける会社かどうか、若い自分にもやりがいのある仕事ができるチャンスがどんどん来るかどうかです。だからこそ社員一人ひとりに深く寄り添っていける会社になること、また、HRテックを活用して一刻も早くそれを実現できる高度なHR部門になることが非常に重要だと考えています」

(6)人事は言葉の魔術師たれ！

株式会社people first　代表取締役　八木洋介氏

「1970年代初めくらいまでは、社員を管理して、同質の仕事を効率的にさせることが人事の大きな役割でした。しかし今は創造性の時代であり、メガトレンドの時代であり、変化の時代であり、正解のない時代です。そうした中で競争していくためには、ダイバーシファイ（多様化）した人たちのやる気、能力をどう引き出すかが大きなポイントになります。それこそが人事の最も大きな役割であり、今後さらに重要な役割になると思います。

　社員一人ひとりの持ち味や力量を引き出すのは言葉です。ですから、私は『人事は言葉の魔術師たれ！』と言い続けているのです。この会社をいい会社にしたい、強い会社にしたい、世界で一番の会社にしたいと自分自身が本当に思っていたら、その思いから発せられる言葉は聞く人の胸に響き、『よし自分もやろう』という気にさせるのです。

　人事の人間はとかく自分たちで作ったルールを守ろう、守らせようと思いがちですが、いい会社にしたいという信念に従って時にはルールを変える、必要のないルールはなくすというようなスタンスで常に物事を考え、社員に向かって話していれば、社員の共感を得ることも、社員のやる気を引き出すこともできるというものです」

第3962号（18.11.23）第1回

人事部を取り巻く10のトレンド。
今後10年は "大手術" を要する重要課題が
目白押しとなる

株式会社リクルート 専門役員兼リクルートワークス研究所所長 **大久保幸夫**氏

第3963号（18.12.14）第2回

少子高齢化がAI活用の起爆剤となる。
人事ではタレントマネジメント、エンゲージメント分野の
AI化が進展

Institution for a Global Society株式会社 代表取締役社長
一橋大学大学院経営管理研究科特任教授 **福原正大**氏

第3964号（18.12.28）第3回

多様なニーズに対応できる
丁寧な人材マネジメントが求められる時代になる

学習院大学経済学部経済学科教授 **守島基博**氏

第3965号（19.1.11／1.25）第4回

人事や組織の課題解決に役立つ科学を目指す
"人材科学センター"

株式会社サイバーエージェント 人材科学センター **向坂真弓**氏

第3966号（19.2.8）第5回

ITとAIを駆使して世界をリードする人事部を目指す

ソフトバンク株式会社 人事本部戦略企画統括部 人材戦略部部長兼
未来実現推進室室長 **井上允之**氏
人事本部採用・人材開発統括部 人材採用部採用企画課課長兼
未来実現推進室担当課長 **中村彰太**氏

第3967号（19.2.22）第6回

人生100年時代、80歳現役を実現するために
人事部に必要な発想転換

株式会社ライフシフト CEO／多摩大学大学院教授・研究科長 **徳岡晃一郎**氏

第3968号（19.3.8）第7回

10年後、「戦略人事」を実行していない企業は
グローバル競争に勝つことはできない

株式会社people first 代表取締役 **八木洋介**氏

第3969号（19.3.22）第8回

AI「IBM Watson」の活用で、
他社に先駆けて個別最適化の人事を実現。
今後は現場の人事支援に注力

日本アイ・ビー・エム株式会社 人事 理事／HRパートナー担当 **山口俊一**氏

データに基づく客観性、傾向値、記録が「戦略人事」実現のカギになる

株式会社パーソル総合研究所 コンサルティング事業本部長 コンサルティング部部長
ピープルアナリティクスラボ室長 **佐々木聡**氏
コンサルティング事業本部 コンサルティング部マネジャー
ピープルアナリティクスラボ **西尾紗瞳**氏

第3971号（19.4.26）第10回

10年後には当たり前となる「ノーカラーワークフォース」

デロイト トーマツ コンサルティング合同会社 執行役員 **山本有志**氏
執行役員 **小野隆**氏

第3972号（19.5.10／5.24）第11回

データドリブン型HRが可能にする一人ひとりに寄り添う人事戦略

株式会社日立製作所 人財統括本部 システム＆サービス人事総務本部
担当本部長 **髙本真樹**氏

第3973号（19.6.14）第12回

社長が見通す人事変革の未来と人事のトップが語る人事部の役割

サイボウズ株式会社 代表取締役社長 **青野慶久**氏
執行役員 人事本部長 **中根弓佳**氏

202

第3974号（19.6.28）第13回

10年後の人事の前提となる
テクノロジーの三つの変化と人事に求められる三つの力

SAPジャパン株式会社 人事・人財ソリューションアドバイザリー本部
北アジア統括本部長 **南和気**氏

第3975号（19.7.12）第14回

世界で約2700社、3100万人が利用する
『Workday HCM』。
日本企業が「攻めの人事」に転換するには
人事データの可視化と多様な活用が不可欠

ワークデイ株式会社 業務執行役員 マーケティング本部長 **荒井一広**氏

第3976号（19.7.26）第15回

いつでも、どこでも、スマホで面接。
AIで採用業務を効率化。
客観性・合理性の担保に加え、
人事の付加価値創出に寄与

株式会社タレントアンドアセスメント 代表取締役 **山﨑俊明**氏

第3977号（19.8.9／8.23）第16回

顔写真を切り口にして、
人事データの一元化・蓄積から活用までをサポート。
HRテクノロジーの進化で、
戦略人事はますます加速する

株式会社カオナビ カオナビHRテクノロジー総研所長 **内田壮**氏

10年後には、テクノロジーを使いこなしながら、
より「個」にフォーカスし、
戦略的に組織をデザインする機能が、
ますます人事に求められるようになる

ProFuture株式会社 代表取締役社長兼CEO HR総研所長 **寺澤康介**氏

企業変革をもたらす人材を活かすために
デジタライゼーションが必要。
今後の企業変革推進ではITと人事が両輪に

日揮ホールディングス株式会社 常務執行役員 CDO (Chief Digital Officer)
デジタル統括部長 人財・組織開発管掌 **花田琢也**氏

組織と個人の新たな関係構築や
企業文化の浸透を図っていく上で、
人事担当にはマーケティングの資質が求められる

楽天ピープル＆カルチャー研究所 代表 **日髙達生**氏

「事業」「未来」「数字」を組織とリンクさせ、
戦略人事を実現するには
企画力、プロデュース力が必要になる

株式会社リンクアンドモチベーション 代表取締役社長 **坂下英樹**氏

【著者紹介】
滝田誠一郎（たきた せいいちろう）
ノンフィクション作家／ジャーナリスト
1955年東京生まれ。青山学院大学卒。著書に『ビッグコミック創刊物語』『長靴を履いた開高健』『孫正義 インターネット財閥経営』『電網創世記／インターネットにかけた男達の軌跡』などがある。また、ジャーナリストとして雇用問題、人事問題をテーマにした取材・執筆活動もしており、『65歳定年時代に伸びる会社』『人事制度イノベーション「脱・成果主義」への修正回答』などの著書がある。

カバー・本文デザイン／志岐デザイン事務所

印刷・製本／日本フィニッシュ

10年後の人事部

2021年3月28日 初版発行

著　者　滝田誠一郎
発行所　株式会社 労務行政
　　　　〒141-0031 東京都品川区西五反田3-6-21
　　　　　　　　　住友不動産西五反田ビル3階
　　　　TEL：03-3491-1231　FAX：03-3491-1299
　　　　https://www.rosei.jp/

ISBN978-4-8452-1394-8